社長になる人のための経理とお金のキホン

前田康二郎

Kojiro Maeda

日本経済新聞出版

はじめに

本書は、これから社長になる方に向けて、会社を経営する際にどこまで経理について理解しておくことが必要なのか、そして経理をどのように活用すれば売上や利益が伸びて良い会社になるのかを書いた「実践の書」です。そのため、社長になった「瞬間」から必要となる、使用頻度の高い項目から優先して内容を構成しました。

会計・経理に知見をお持ちの方からは、「なんだ、〇〇の部分がないじゃないか。これを経理の本といってよいのか」とお叱りを受けるかもしれません。しかし、社長は経理の実務をするわけではありません。発生頻度の低い難しい項目や内容は、経理部長や経理社員、税理士などがその都度、一度で伝わる説明をして、それを社長が理解できればそれでよいことです。むしろそのような関係性を築けていることのほうが、リアルな経営では重要です。

とはいえ、あまりにも社長が経理について何も知らない、関心がないと、社員や投資家、金融機関の人たちは「経理がわからない社長に会社を任せて大丈夫なのだろうか？」と不安になります。「お金に詳しくなさそうな社長」をターゲットにする悪い人もいます。その結果、詐欺のようなビジネスで損害を被ったり、社内で不正が起きたりし、経営の危機に瀕することもありえます。社長は会社の最終（最高）意思決定者ですから、そのようなことを引き起こす経営をしてはいけませんし、それが実際に起きたら真っ先に責任を問われます。

本書では、それらの現実を勘案して、「社長が就任時に最低限身につけておくとよい、ちょうどいい経理」を体現しました。「なぜ会社に経理が存在するのか」といった概念から、日常的に必要となる知識や用語、資料の見方や社員への指示の出し方まで、ポイントを網羅しました。会社員時代はＩＰＯ（株式の公開）に直接関わり、独立後は同じ社長の立場でたくさんの社長さんからの経理相談を受けてきた経験を踏まえ、これから社長になる方が読みやすい、そして実践しやすい内容を心掛けました。

なお最近は、社長になるパターンも多様化しています。会社員が出世をして就任したり、会社員から独立して起業したりするようなケース以外にも、親から子への事業継承、学生起業、シニア起業などさまざまな就任経緯があります。そのため、社長になる経緯によって異なり得るポイントも記載しました。多面的に経理を捉えることで、より経理について包括的にご理解いただけると思っています。

本書をすべての社長の「ハンドブック」としてお手元に置き、気になった箇所にはチェックや書き込みをしながら定期的に読み返していただけたら幸甚に存じます。

最後になりますが、経営における経理の重要性をご理解いただき、処女作から長きにわたり拙著の編集を担当していただいている日本経済新聞出版の網野一憲氏、また、これまで関わってくださいましたすべての方々に感謝申し上げます。

２０２４年１月

前田　康二郎

目次

はじめに 3

第1章 このような社長を目指すなら、経理はいらない

経理は会社や社長の経営目的によって要不要が決まる 15
お金を扱う権限を自分以外に一切与えないのであれば、経理はいらない 16
起業後なるべく早く事業を売り、売却益で余生を過ごすつもりなら、経理はいらない 18
細々とのんびり経営できればそれでいいと考えるなら、経理はいらない 19
会社の数字を絶対に社員に見せたくないのなら、経理はいらない 20
長期的な成長を目指すなら、経理は100％必要になる 21
社会貢献など清廉性の高い事業ほど、確かな経理の存在が重要になる 22

第2章 なぜ社長が経理を知っておいたほうがいいのか

経理を知らずに社長になるのは、地図を持たずに入山するのと同じ 24

経理がわからなければ、適正な売価も原価も年俸も家賃もわからない 26
利益が最大化するお金の使い方を社員に指導しなければいけない 28
お金のことで周囲を不安にさせてはいけない 29
社内外の人たちに業績結果の理由と今後の見通しを説明できなければいけない 30
「数字」を挟むことで、社員との衝突を避けることができる 32
「悪い経理社員」「悪い税理士」もいることを知る 33

第3章

数字の見方を社員時代の視座から社長の視座に変える

社員時代の金銭感覚・計数感覚を引きずっていてはいけない 35
一度でもお金で失敗をしたら、その時点で終わることもある 36
社員は「自分の給料」が売上だが、社長は「会社の売上」が売上 37
社長は仕事の質とともに会社の存続も追求しなければいけない 38
社長になって初めて、失注の報告漏れや納期のずれが
資金繰りに直撃することを身体で理解する 39
社長になっても社員目線のお金の使い方をしていると独裁経営になりやすい 41

第4章 経理は会社の「万が一」を想定、対応するために役立つ

「万が一のことなど起こらないから何も対策をしない」という社長が、万にひとつのチャンスをつかむことはない 43
「突然資金援助が打ち切られたら」を常時想定しているからチャンスをつかめる 44
突然大口の受注先が倒産したら、あとどれだけ会社がもつか 46
もし突然売上が0円になったら、どれだけ会社がもつか 47
経理がいれば、経理担当が緊急融資や助成金の申請手配をしている間に、社長は営業に行ける 48

第5章 不正を「予防」し、社内から犯罪者を出さない

不正により経理資料の数値がずれると、正しい経営判断ができなくなる 50
不正は、発覚してからがコストや手間がかかる 51
「社員を信じているから不正の対策はしない」は、単なる手抜き 52
不正をしない、させない経理社員に備わっているのは「廉恥心」 54
不正の仕組みを理解しておくことが、発生の予防につながる 56
不正は「7つの軸」と「1つのゆらぎ」から構成される 57
粉飾は、社長以外が積極的にする理由はない 70

社長が恐れられすぎると業務の不正が起き、社長が舐められすぎると金銭の不正が起きる　71

第6章　社長就任時に知っておくとよい経理関連業務

「会計」用語の前に「会話」用語を覚える　74
月次決算の流れ　76
会計知識は、自習よりも経理社員や税理士と良い関係性を構築したほうが早く覚えられる　78
月次決算資料のここだけは確認すべし　80
貸借対照表（ＢＳ）で会社の財産状況を定期的に確認する　81
損益計算書（ＰＬ）は1年ごとにリセットされる　84
製造原価報告書（ＣＲ）は使う目的次第　86
経営の現状を把握するための予算実績比較損益計算書、月別損益計算書推移表　87
社員の本当の貢献度も見える部門別収支表、プロジェクト別収支表　88
会社のお金の流れから経営状態を見るキャッシュフロー計算書　90
「もしも」に備えるベースとなる資金繰り表　91
社長の直感と月次決算数字との突き合わせ方のコツ　93
月次決算早期化のコツ　95
次年度予算は必ず次年度開始前に、アナウンスする　97
投資家や金融機関が社長に聞きたいのは「原因」よりも「これから」　99

第7章

どのような経理人材を採用して体制を構築すればよいか

「受け身」ではなく「意志」のある経理体制を　101
経理担当者の実務レベルは3段階　102
「週5日フルタイム出社」のこだわりを捨てれば、いくらでも優秀な経理人材はいる　104
なぜ簿記ができる人間を1人は入れておいたほうがよいのか　106
ひとつの理想は「総務・人事ができる」経理社員　107
起業時の最初の経理体制は「社長兼経理」または「秘書兼経理」+税理士でもいい　108
税理士には「計上漏れ」「不正」に関する完璧なチェックはできない　109
会社の成長を前提とするなら、経理処理は内製化が理想　110

第8章

経理にITを最大限に活用させるコツ

「少数精鋭の経理社員+IT+税理士」の体制が理想　112
IT化は現場社員の心理的負担を増やし反発を招くことがある　113
IT化は、不正の規模を大きくし、犯行スピードも速くする　115
ITは「例外（イレギュラー）」と相性が良くない　116
取引先との契約条件をできるだけ一律にしないとIT導入のメリットは少ない　117

DXで経理をプロフィット部門に　119

第9章 利益を生み出す経理を育成していく

特性を知らなければ、経理部門や経理社員を経営に活用することはできない　120
経理に日報はいらない　121
社長と経理は意図的にコミュニケーションの時間を設ける　121
経理発の新規事業を考える　122
理想の経理社員像、5つの要素　124
「強い会社」は経理などバックヤードにも投資する　127

第10章 「プロ経理」がお勧めする、学生起業を失敗させないコツ

最大のハンディは「悪い大人」を見分けられないこと　131
社会人経験の有無より自活経験の有無のほうが学生起業には影響する　134
机上の理論より現実世界のほうが費用は多く発生しがちである　136
起業して初めて、友人と自分のやる気や金銭感覚の違いを実感する　139
親しき仲にも敬意あり。友人同士だからこそ、お金のルールを「最初に」決める　142

経験に勝るものなし。
自分で経験しきれないことは「良い大人」から経験談を聞き自分の血肉にする 144

第11章 「プロ経理」がお勧めする、脱サラ起業、定年後起業を失敗させないコツ

「会社員時代のカルチャー」を「世の中の常識」と思ってはいけない 145
大企業出身者の成功のカギは、どれだけ早く非大企業の立場や環境に慣れるかにある 146
中小企業出身の社長の成長を阻む「コンフォートゾーン」 149
技術系出身者は、販売担当部門にも研究開発費同様に予算をとること 152
営業出身者は販管費の感覚を早めに身体にしみ込ませる 154
経理出身者はポジティブ人脈の構築を 157
制作系出身者は、質と同じくらい納期の精度を上げることに注力を 158
自分の価値観に固執せず、いろいろな人の「良いところ」を拝借して経営に活かす 160

第12章 「プロ経理」がお勧めする、前任者から引き継いで社長になった際の確認ポイント

前任者から引き継いで社長になる場合は、経理状況のチェックは不可欠 162

経理部門の最低2人以上に
「前社長時代に独特な経理処理の指示やルールがなかったか」をヒアリングする 163
税理士や会計士に、前社長時代に経理体制や経理処理の課題がなかったかをヒアリングする 164
発注は相見積もりしているか、なぜその発注先を選んでいるかを確認する 165
売上上位の受注先の与信管理を定期的に行う 166
在庫の管理状況を確認する 167
滞留債権の発生状況、管理体制を確認する 168
過去の不正発生案件を確認する 170
客観性のある経理資料を活用して後任の人材を育成する 171

第13章 「プロ経理」がお勧めする、同族企業の事業継承時にスムーズに代替わりするコツ

どんなに無駄に見える作業でも
1周（1カ月、1年など）は必ず既存のやり方をチェックしたほうがよい 173
アナログ作業はどうしても残る 175
IT導入の際は「リストラ目的でない」ことを先に明言する 177
アナログにこだわる社員には、新しい仕事を先に付与して、既存の作業をデジタル化する 179
経理などのバックヤード部門との関係性ができていれば、どのような局面でも乗り切れる 180

第14章

「プロ経理」がお勧めする、資金調達をしたベンチャー企業、スタートアップ企業が失速しないコツ

理想のCFO人材とは 182
投資家は、社長に「目標達成のためにお金を使うこと」を期待している 184
勤怠の悪い社員を社長が指導できないと、資金ショートの原因となる 186
タイムリーな月次決算の報告こそが社長から投資家への「誠意」である 188
「自力で稼いで資金を貯める」プロセスを省略して資金調達ができてしまった際のリスク 189

第15章

経理の観点から快適かつ利益率の高い組織を作る

売上や利益を無視・軽視した組織や人事制度の改革は危険である 191
心理的安全性や社員満足度が高ければ必ず売上や利益も上がると言い切れない理由 192
お金をかけずに誰でもどのような組織でもできる「リスペクト・マネジメント」 194
お金をかけた組織改革や福利厚生は数字で検証する 200
新規事業こそ最強の新陳代謝が行われる組織改革である 202

第16章

社長が知っておくと役立つ「経理の知恵」あれこれ

削減すると売上も同様に下がってしまう経費がある　206
1年間で100店舗出店計画の末路　207
「売上を追うから会社がダメになった」と言う社員が出てくる理由　208
入金サイトと支払サイトをどのように決め、交渉するか　210
経理数値を「頑張っている」社員のマネジメントに活用する　211
現場社員に業務マニュアルを作ってもらい、そこで経理社員が気づいたポイントを改善する　212
利益は、「社員や顧客に還元する」か「再投資に充てる」か「プールする」かに分けて考える　214
「鳴り物入りの社員」が入社してから本当に貢献したかを経理資料で検証する　216
知識や数字は「道具」として使い、「刀」として使うべからず　217

第1章

このような社長を目指すなら、経理はいらない

経理は会社や社長の経営目的によって要不要が決まる

経理は、会社や社長にとって必要でしょうか。それとも不要でしょうか。

これまで私は、経理経験者の立場から経理の必要性を伝えてきましたが、実際の会社を覗くと、私の想像よりも経理社員が多かったということはほとんどありません。「よくこの人数でまわしていたな」と思うことのほうが多いです。

例えば実際に、全従業員が数十人規模の場合、「簿記の知識はないけれど、領収書や請求書の処理をしている経理担当」の事務員が1人だけいて、あとはすべて税理士任せという、「社内に簿記の知識がある経理担当者が0人」という会社は少なくありません。そしてそのような会社の社長は決まって、「経営は安定しているのだけれど、今以上に社員数や売上を伸ばそうと思ってもなかなか伸びない」とおっしゃいます。

「簿記の知識のある経理社員を採用し、月次資料の作成など税理士に任せているものを内製化すれば、迅速に経営判断もできて売上や利益も伸びますよ」とお伝えするのですが、多くの社長は、「会社の規模拡大と経理には相関がない」と思われています。興味や関心は営業やマーケティング、流行りの組織論や人事制度のほうに向いてしまい、そこに多くのお金や時間を割いています。

そこで逆説的ですが、まずこの章では、どのような会社や社長に本当に経理が「不要」なのかを洗い出してみました。以下の話に該当すれば経理は不要ですし、該当しなければ経理が必要となるはずです。これから社長になる皆様が、自分はどちらに当てはまるのかを考えながらお読みいただき、答えを出していただければ幸いです。

お金を扱う権限を自分以外に一切与えないのであれば、経理はいらない

現金・預金の出し入れに始まり、売上金の受取や経費の支払い、税金の納付など、お金を取り扱う権限のすべてを社長自ら管理する場合には経理は必要ありません。なぜならその人の「頭の中」が経理そのものになるからです。お金に関するすべてのやりとりを自分しか行っていないわけですから、記憶さえしっかりしていれば自分の頭の中で管理できるわけです。記憶のなかで、材料の仕入値、商品の売上など、暗算で会社の収支は計算できます。

もちろん証拠書類などは残していかなければなりませんし、申告手続きなど一部の難しい作業は税理士などのサポートが必要になりますが、フリーランスや個人経営の社長などは、日常的には、わざわざ経理部門を設置したり経理担当者を雇ったりすることなく１人で経営をしていけるでしょう。

しかし、自分以外の人にも材料の買い出しをお願いしたり、レジの管理をお願いしたりということが始まると、途端にその前提条件が変わってきます。自分の知らない間に材料が買われ、いくらで買ったのかその人に聞かないとわからない、あるいは、その日の売上がいくらだったのかがレジ担当に聞かないとわからない、ということが起こり始めます。他人にお金を扱う権限を与えた瞬間から、「自分の頭の中だけでの計算＝経理」とはいかなくなるのです。そうなったとき、「ねえ、その材料をいくらで買ってきた？」「今のお客さん、いくら払った？」などと社長がその都度担当者にヒアリングをして自分の頭に記憶をするのではきわめて非効率です。

そのため、社長の代わりに会社全体のお金の出し入れの記録やチェックなどを管理する担当者が必要となり、それが「経理担当者」ということになります。経理担当者はお金の出納を一元管理して、その結果を社長に報告します。その体制を作ることで、社長が自分１人で管理していたときのように、会社全体のお金の状況を把握できるようになります。これが会社における経理の役割のひとつです。

そして会社の規模が大きくなるにつれてお金をやりとりする回数も量も増えますから、それに応じて経理部門の人員を増やしたり、専用のソフトウェアを導入したり、ということが必要になってきます。

また、会計ソフトへの入力処理や月次決算（1カ月単位で収支状況などを確認すること）に関する資料の作成は、税理士事務所などに外注し代行依頼することは可能ですが、外注費がかかり、また資料が手元に届くまでのタイムラグも発生します。会社全体のお金の状況は、やはりタイムリーに確認できたほうが早く経営判断もできます。そのため、会社の規模が小さなうちは経理処理を外注していても、業容が拡大し資金にも余裕が出てきたら、専任の経理社員を採用して経理業務を内製化していくという流れがよいでしょう。

ＩＰＯ（株式の公開）を目指すスタートアップ企業で、起業当初からある程度まとまった資金調達ができた場合は、上場準備作業も控えていますので、早い段階から月次決算処理ができる管理職レベルの経理社員の求人を開始しておくことをお勧めします。

起業後なるべく早く事業を売り、売却益で余生を過ごすつもりなら、経理はいらない

最近はスタートアップが注目されていますが、起業するときにベンチャーキャピタルなどから資金を調達し、短期間で企業価値を上げて会社を売却し、その売却益で早々にリタイアをして好きなことをして暮らそうと考える社長もいます。そのような人は、「社員を育てる」「組織

を作る」ということには意味を感じないはずです。「どうせこの会社は売却してしまうのだから、人や組織にお金や時間をかけても意味がない」と思うことでしょう。

後述する通り、経理には、社員に対して金銭的なモラルについて啓蒙し、不正が起こらない盤石な組織を構築するという役割もありますが、その必要性もないということです。会社を売却するまでの経理処理は「会計ソフト ＋ 外注社員 ＋ 税理士」だけでもある程度できますから、わざわざ経理部門や経理社員を設置、配置する必要もないでしょう。起業後、ＩＰＯを目指すのなら専門的な審査質問が経理関連の項目で多々ありますので、経理部門、経理社員は必須ですが、短期的に企業価値を高めて売却を目指すのであれば正社員の経理は必須ではないと思います。

細々とのんびり経営できればそれでいいと考えるなら、経理はいらない

経理が必要となる理由のひとつに、社長自らが請求書を作ったり振込処理をしたりしていると、「本業である経営に集中できない」という点があります。

会社の規模が大きくなれば、国内外に出張して自ら営業をしたり、大きな契約を締結したり、社内では幹部候補の教育をしたりと、社長にはいくら時間があっても足りません。そのようなときに、いつまでも細かい事務処理を自ら行っていては、「社長として」の仕事や役割を果

たす時間がとれなくなります。社長は「社長にしかできない仕事」から優先して取り組み、自分でなくてもできる仕事は社員に引き継いでいく必要があります。経理業務でいえば、事務処理や金融機関に提出する資料の作成などは経理担当者を採用して業務を引き継げばよいでしょう。

しかし、なかには規模の拡大などを目指さず、「身内が食べていけるだけの稼ぎがあればそれでいい」「気の合う仲間だけで今の規模を維持して楽しくのんびりやっていければそれでいい」という社長もいます。それであれば社長が事務処理をする時間もとれるでしょうから、専任の専門的な知識と経験のある経理担当者は不要だと思います。

会社の数字を絶対に社員に見せたくないのなら、経理はいらない

会社の数字を集計、分析し、そこで明らかになった課題をわかりやすく社長や現場の人たちに伝えることが経理部門・経理担当者の本質的な役割のひとつです。そのため、会社の数字を経理社員がわかりやすく解説できている会社は現場社員の計数感覚が上がり、さらなる売上や利益を見込める企業体質になっていきます。

一方で、「社員は会社全体の数字のことなど気にせず、仕事だけに集中してくれればそれでいい」という社長の経営方針により、社長以外には会社の数字を一切見せない、見せる必要はない、という会社もあります。そのような会社はタイムリーに月次決算を社内で行う必要はあり

ません。会計データの入力や月次決算処理は税理士などに外注し、社内には領収書や請求書の事務処理、給与支払いなどを担当してくれる事務員が1人いれば、それで十分だと思います。

長期的な成長を目指すなら、経理は100%必要になる

ここまでお読みいただいてわかるように、会社に経理が絶対に必要かというと、それがなくても物理的には経営は可能です。ただ、会社を大きくしていくためには経理は欠かせない存在になります。

良い新規事業などの誘いがあっても社長が辞退してしまうケースのほとんどは、「良い話だし、現場のことは自分ができる。でも、お金の管理を任せられる人間が社内にいない……」が理由となっています。

あるいは、IPOなどを経て長期的な経営を目指す場合も、経理が必要になります。実際、IPOに関しては、月次決算ができていなければ、審査どころか受付すら門前払いされてしまいます。

これから会社を大きくし、長期的に社員・取引先・顧客・株主とも良い関係を築き、いつまでも成長力のある会社にするべく経営を行いたい――。そのような展望や理想を描いておられる社長の会社には経理部門・経理社員は必要不可欠となります。そして、彼ら経理部門の人材が「参謀」として社長の「思い」を実現する助けとなります。

社会貢献など清廉性の高い事業ほど、確かな経理の存在が重要になる

「世の中を良くしたい」「弱者の立場にいる人々を支えたい」――そのような志を持って起業したり団体を作ったりして社長・代表になる方もいると思います。そのような方のなかには、お金のことは二の次で、自分や家族の心配事すらそっちのけで、困っている人々のもとに身体ひとつで駆けつけるような人もいます。

ただ、「経営」ということになると、お金の管理が二の次では困ります。清廉性の高い事業をしていればしているほど、使途不明金などが出ないように請求書や領収書なども明確に管理をして、収支も迅速に公表できるような体制にしておかなければいけません。

なぜなら収入や経費の管理がずさんな場合、「善意のお金や公的なお金をこの会社・団体はずさんに使っている」「人の善意をビジネスに利用している」などと批判の対象にされやすくなるからです。それがきっかけとなり事業の運営が継続できなくなった場合に一番困るのは、その事業のサービスを受けていた弱い立場の人たちです。彼らに期待させるだけさせておいて、結局途中で「ごめんなさい」と放り出してしまうことになりかねません。

社会貢献のような志の高いテーマこそ、長期的に事業が継続できるように、綿密に経営や資金の計画を立てていく必要があります。そのためには、お金のことよりも気持ちのほうが先走

ってしまう社長を支える冷静沈着な経理担当が必要になってきます。

私の友人によれば、「社会貢献活動をしている数団体に寄付をしたところ、2～3日以内に礼状を添えた受領書を送付してくる団体もあれば、1カ月経ってもなしのつぶてという団体もある。それで、仕方なく『受領書が欲しい』と問い合わせると、『経理担当がいないため対応が遅れてすみません』と、それからまた2～3週間過ぎてやっと送られてくるという団体もあって、大きくこの2つに分かれる」といいます。彼は、「すぐ受領書を送ってくれる団体は寄付したお金もきちんと管理しているだろうからまた寄付しようと思うが、そうでない団体への寄付は今後はやめておこうと思う」と言っていました。

このように、お金の管理を明確にしている団体とそうでない団体とでは収入の面でも差がついていきます。これは会社についても言えることです。経理担当がいて迅速な応対ができることで「信頼できる会社だ」と認知され、事業も継続しやすくなるということです。

なぜ社長が経理を知っておいたほうがいいのか

経理を知らずに社長になるのは、地図を持たずに入山するのと同じ

会社経営と経理の関係性は、登山をする人にとっての地図のようなものだと思います。理想に向かって邁進する社長にとって、経理資料は現在地（値）の情報と目的地（値）までの距離が示された地図と同じです。その情報をもとに、どのようなルートを辿れば無事時間内に到達できるか、あるいはいったん引き返したほうがいいかなどを、冷静に判断することができます。

もし地図そのものがない、あるいは地図があってもその読み方がわからなければ、今現在、自分が目標に対してどの位置にいるのかさえわからなくなり、いつの間にかルートを外れ、遭難してしまう可能性もあります。

世の中にはいまだに「勘と経験」だけで経営している社長もいます。「だいたいいつも9割方は自分の勘が当たっているから、地図（経理資料）など特に必要ない」と言います。

しかし「山を舐めてはいけない」ことは改めて言うまでもありません。たった一度の判断ミスで遭難し、命を落とすこともあるはずです。そのリスクを自覚できる人が「プロ」であり、そのような人でなければそもそも難易度の高い山には入ってはいけない世界だと思います。

会社経営も同じではないでしょうか。たったひとつの経営判断のミスが、会社を転落させかねません。「勘も鋭く経験や実績も十分ある自分だけれど、ひょっとしたら万にひとつの勘違いや見落としがあるかもしれない。だから、自分の見立てとずれていないか経理資料でチェックをする」。そのような「自分で自分を疑える人」が会社を潰さないプロの社長です。

経理資料は登山における地図である

私は勘や経験を否定しているわけではありません。社長にとっての経理資料は、自分の勘や経験、予測、イメージなどとの「答え合わせ」に使う資料です。社長になるような人であれば、月次資料などを見なくても「だいたい今月はこれくらいの売上で、これくらいの利益が残っているかな」程度のことはわかる人がほとんどでしょう。では、それでいいかというと、それでは詰めが甘いと言わざるを得ません。「念のため月次決算資料を見ておこう」と、資料を見て、「自分のイメージ通りの数字だった」と最終確認をして、「万が一の経営判断のミス」の可能性をゼロにするのがプロです。

月次決算の数字などが自分のイメージと違っていたら、それには必ず理由があります。社長自身の認識違い、納期の遅れが発生して売上が翌月にずれてしまったのに現場から報告がなされていない、現場からの申請漏れ、不正……さまざまな理由が考えられます。その原因を探っていき早期に解決していくことで、リスクも回避できます。社長にとって経理や経理資料の存在は、経営判断を間違えないための生命線ともいえます。

経理がわからなければ、適正な売価も原価も年俸も家賃もわからない

社長になる人は「何かの分野に長けた人」であることは明らかです。営業力、技術力、企画力……。ただ、だからといって「自分は〇〇力があるから、経営力も同等にあるだろう」と言

い切れるでしょうか。

私はこれまでさまざまな「何かの分野に長けた人」を見てきて、ひとつわかったことがあります。それは「何かの分野に長けた人であればあるほど、それ以外の分野については素人である」ということです。

例えば技術力のある人は、確かに製品の構造や原価などについては詳しいでしょう。でもその製品を売るのに、どのくらいの年俸の営業社員を何人雇うのか、広告費をいくらかけるべきか、オフィスはどの場所にいくらで借りたらよいのか。これらの適正な相場は瞬時にはわからないと思います。わからなくて当然です。なぜなら、多くの時間をこれまでは技術力の向上に使ってきたからです。

技術力を有した人がこれから社長になる際には、その技術力の向上にかけていた時間を減らして、少しでも経営に必要となる知見の獲得に時間を割かなければいけません。そして、会社全体のお金に関する「相場観」を早々に身につける必要があります。

そのためのツールとして、経理資料は有用です。自社の資料を読み込むことで、さまざまなモノやコトの相場がわかります。売価をいくらにすればどれくらいの利益が出るか、営業社員にかける人件費をいくらにすべきかなど、会社全体の数字を見ながら経営判断もできるようになります。

もしこれが、経理資料を参考にせず、世間の相場も知らないまま会社経営を始めてしまうと、自分の得意分野以外の出費に関してはすべて「相手の言い値」で受け入れてしまい、相場よりも高額な出費を繰り返して資金繰りの悪化を招きかねません。そんな事態を防ぐためにも、経理資料を用いて「世間全体の相場観」を身体にしみ込ませておくことが大切です。

利益が最大化するお金の使い方を社員に指導しなければいけない

「お金の使い方には個人差がある」という点です。

「会社のお金」には、いくつか特徴があります。そのひとつは「お金の使い方には個人差がある」という点です。

例えば交通費に関して、「どうせ会社のお金だから」とすぐにタクシーを使う社員がいる一方で、社長が「タクシーを使ってもいいよ」と言っても、「いえ、会社のお金ですから」と、律儀に電車やバス、自転車などで行けないかを事前に調べる社員もいます。同じ「会社のお金だから」という理由でも、散財する社員もいれば、倹約する社員もいるということです。それが人間であり、「学問」の本には書かれていないことです。リアルな職場というのはそういうものであり、その部分をコントロール、マネジメントすることが「リアルな経営」です。

そのため、社長が「当社のお金の使い方はこのようにしてください」と目安なり指針なりを示さなければいけません。「お金を無駄遣いしないように」と伝えるのがやはり基本ですが、会社のお金の面白いところは、単に倹約をすればいいわけでなく、あえて先行投資でお金を使うことでさらにお金を呼び込めるという側面もあることです。トップセールスの実績がある営業社員に対しては「タクシー代や交際費などを多少使ってもいいから1件でも多くのお客様に会って」と指示を出すことで、受注が増え、売上や利益につながる場合もあります。また販促などでは、広告費はケチらずに最初に大きく投下したほうが、売上が伸びるケースもあります。

会社のさまざまなお金の使い方のルールを決める最終決裁者は社長です。会社の利益が最大化するようなお金の使い方を社員に指導しなければいけない立場にあります。そのためには、経理資料を用いて、どのようなお金の使い方が会社にとって有用だったか過去実績なども分析、検証し、社員への指示や経営判断に活かしていくことをお勧めします。

お金のことで周囲を不安にさせてはいけない

会社員が「どのような会社でなら安心して働けるか」と尋ねられれば、「経営が安定している会社」「資金がたくさんあって潰れる心配のない会社」と答える人が多数でしょう。「明日潰れるかもしれない」という会社で、集中して仕事に取り組める人などいないからです。

会社の資金繰りを把握できるのは社長と経理だけです。そのため、それ以外の部署の人たちは、社長と経理が「正しく資金管理をしてくれている」と信じるしかありません。これは金融機関や投資家など、社外の人たちにとっても同じです。その信頼を裏切らないためにも、社長は資金繰りの状況を経理から報告を受けて常時把握し、いつ誰から急に質問を受けても具体的に説明できなければいけません。

例えば「コロナ禍ですけど、会社は大丈夫ですか」と社員や金融機関から質問をされた際に、単に「気合でなんとかするので大丈夫です」と答えられても、言われた側の不安は全く払拭されません。「たとえ今月から売上が0円になったとしても、1年3カ月は社内外への支払いは問題なくできる体制になっていますし、その間に次の施策を準備して資金調達や新規事業にも取り組み始めます。油断はできませんが、当面は安心してください」と言われたら、それを聞いた人たちは「わかりました」と、ひとまず安心します。そして逆に、「私たちに何かできることはありますか」と社員や外部の人たちからの協力も得られることでしょう。

社長の仕事のひとつに、お金のことで社内外の人たちを不安に陥らせない、ということがあります。そのためには経理社員からのサポートも受けながら、経理資料の数字を用いて会社の経営状況を尋ねられたときに遅滞なく相手が安心する回答ができるようにしておく必要があります。

社内外の人たちに業績結果の理由と今後の見通しを説明できなければいけない

社長には社内外の人たちに向けて過去実績の報告と、今後の展望を伝える場面が定期的に訪れます。例えば、社員を前に「前期は皆さんよく頑張ってくれました。今期はそれ以上にもっと頑張りましょう」と言うだけでは、「前期も『これ以上頑張れない』というくらい自分では頑張ったつもりなのに、今期はさらに頑張れと言われても、もう頑張れません」と離脱していく社員も出てきます。

社長が言う「頑張る」の本意は、「売上や利益を上げる」ということですから、このような場面では、より具体的に「今期は各部1人ずつ増員する予定ですので、前期より契約件数を毎月、前期実績プラス1件、前期実績プラス100万円とれるようにしましょう」と言えば、「人員を増やしてくれるなら、なんとかやれそうかな」と社員も具体的なイメージが描けます。より具体的に会社の目標を伝えるためには、「頑張る」などの情緒的な言葉だけではなく、数字を織り交ぜた伝え方のほうが有効です。そのためには経理資料から引用した数値を活用したほうが、社員も理解しやすくなります。

また、外部の金融機関や投資家からは、経理資料を見ながら「なぜ数字が良かった（悪かった）のか、今後の見通しはどうなるのか」などの質問を受けます。会計上の専門的な質問は経理部長に答えてもらえばいいですが、一般的な質問に対する社長の回答があまりにもしどろもどろだと「この社長は経理資料を普段全く読み込んでいない」と判断され、今後の融資や出資などにも影響が出る恐れがあります。

金融機関や投資家との「共通言語」は経理資料などの「数字」です。末永く友好的にお付き合いいただくためにも、社長が経理資料を読み込んで理解をして、自分の言葉で過去実績や今後の見通しを伝えられるように備えておくことは重要です。

「数字」を挟むことで、社員との衝突を避けることができる

「頑張っていたけれど結果が出なかった社員」と「さほど頑張っていたように見えなかったけれど結果は出している社員」、社長から見てどちらが可愛いかと尋ねると、多くの社長は前者と答えます。ただ、経営面から見た場合は、前者より後者のほうが売上や利益に貢献しています。これも「学問」の本には書いていない、人間の矛盾する一面です。「頑張る」という言葉ほど、職場のあらゆる場面で使える言葉はない半面、混乱やトラブルを招く原因となる言葉もありません。多くの場合、それは査定のときに発生します。

「私はこれだけ頑張ったのになぜ評価されないのですか」と部下が抗議をし、それに対して上司は、「私から見たらそこまで頑張っているように見えなかったから」と答えてトラブルになることは、職場ではよくあることです。そのため、日常のコミュニケーションや業務目標を決める際、そして査定などの評価時に、「頑張る」「しっかりやる」という表現を使いたい場合には、「前期よりも毎月プラス2件受注できるように頑張る」「今期はミスの数を、毎月平均2件以内にするようにしっかりやる」など、「数字」を織り交ぜることをお勧めしています。

「数字」が入ることによって、情緒的な言葉が入っていても双方の認識が統一された会話にすることができます。「頑張ってくれたけど、目標のプラス2件に対して実績は1件だったね」「しっかりやってくれたけど、まだミスが平均3回あったね」というように、頑張ってくれたけ

ど、査定は査定として評価しますね、ということを伝えることで、相手も納得することができます。

成功する人の要件として知識や経歴も大切ですが、「熱意」「覚悟」「やる気」がそれ以上に重要だと多くの社長がお考えのことと思います。そのため、つい部下への査定も「数字の結果が出ているか否か」よりも「頑張っているか、いないか」を優先しがちです。ですが、経営の視点からは数字で結果を出すことも非常に大切です。頑張っているけれどもなかなか結果が出ない社員に対しては、「もっと頑張れ」ではなく、売上や利益につながる材料を経理資料から拾い出して、「〇〇をしたら、必ずこの数字が上がるはずだよ」と具体的な行動を伝えるとよいでしょう。

「悪い経理社員」「悪い税理士」もいることを知る

会社で起こる不正のなかには、残念ながら経理社員がしてしまう不正もあります。社長があまりにも経理に関して無知・無関心でいると、簡単に経理社員に騙されて高額な金額が会社から抜き取られてしまうこともあり得ます。

税理士についても同様です。多くの社長に「税理士は国家資格だから悪いことなどしないだろう」という先入観がありますが、悪いことをする人は国家資格の有無とは関係ありません。脱税や違法行為などを「悪いようにはしませんから」と、そそのかす税理士も実際にいます。

そのような誘惑に引っかかってしまったら、いくら社長が「違法だとは知らなかった」「税理士に誘導された」と言っても後の祭りです。

社長も一定程度の経理の知見を持つことで、良い経理社員、良い税理士を見分けることができ、会社も自分も守ることができます。

第3章

数字の見方を社員時代の視座から社長の視座に変える

社員時代の金銭感覚・計数感覚を引きずっていてはいけない

社長と社員の大きな違いのひとつは、お金の使い方についてのアプローチです。

社員の場合は、「自分の業務上必要なお金のことだけ」を考えていれば事足ります。しかも会社側が予算を決めていることが多いでしょうから、そのなかでどのようにお金を使うか、ということだけを考えていれば、社員時代はそれで済みます。

しかし社長になると、これが全く変わります。「自分の役員報酬が80万円だから……」「オフィスの賃料が毎月100万円かかるから……」など、会社のすべてに関する費用を頭に入れた状態で、お金をどのように配分して使うかを決めなければいけません。同時に、経営を維持するにはいくら稼がなければいけないかを計算し、その通りになるように、社員にも指示をしなければいけません。自分に関わる数字だけではなく、全社的な視座で数字を見て、考察し、決断し、伝え、関わる人全員に納得してもらい行動に移してもらう必要があります。

社員なら「お金のことはよくわかりません」と甘えたり逃げたりすることができても、社長には、その甘えや逃げ道は一切ない、正面から向き合うしかないということです。

一度でもお金で失敗をしたら、その時点で終わることもある

「仕事で失敗しても、それが良い経験になります。だから何度でも失敗していいんです」と、おっしゃる方がいます。

確かに大企業の一社員が1つや2つのプロジェクトで失敗したところで、会社に与える資金的なダメージは大きくはないでしょう。社員の失敗は、当人のキャリアがどうなるかというレベルの範囲内の話で済みます。社員にとってはそれでも一大事ですが、むしろ勇気あるチャレンジゆえの失敗だったと評価されることもあるかもしれませんし、再びまたチャンスを与えられるかもしれません。それが大企業たる所以です。

しかし、中小・ベンチャー企業はそうはいきません。1つの失敗がたちまち資金繰りを悪化させ、一気に経営危機に直面する可能性が大いにあります。

とりわけ社長は、「不要な失敗、安易な失敗、防げる失敗は絶対にしない」ことが大前提です。社長レベルの失敗は、たった一度でも、会社を経営危機に陥らせ社員や取引先を路頭に迷わせることになりかねません。仮に会社はなんとかなったとしても、責任をとって社長交代を

促されることもあるかもしれません。

そのためには、さまざまなリスクを洗い出し、数値化して、そうした事態に備えておく必要があります。ノリや勘や経験だけで経営判断をするのではなく、必ず数字という客観的な指標も経営判断の材料のひとつに加えていただきたいのも、この理由からです。

社員は「自分の給料」が売上だが、社長は「会社の売上」が売上

多くの社員は、自分の会社の売上について、社長から言われなければ特に意識することは少ないようです。では何に興味・関心があるかというと、やはり自分の給料が第一という人が多いと思われます。

しかし社長になれば、「会社の売上＝社長の実績」になるわけですから、無関心ではいられません。その売上から自分の役員報酬が支払われることを考えれば、報酬額にも大きく影響してきます。社員時代は、「会社というものは売上だけを追うのではなく、社員のやりがいや社会貢献も大切だ」と主張していた人も、いざ社長になったら、そのようなことだけを言っていたら社長の役割は果たせません。

会社は社員のやりがいを大事にし、また社会に貢献することももちろん大切ですが、それ以上にまずは売上がないことには、社員に給与を払うことも、やりがいを持たせることも、社会貢献活動をすることもできません。社員は自分のお金のことだけを考えていてもまだ許されま

すが、社長は会社全体のお金のことを常に考えなければなりません。それをサポートするものとして、経理資料や経理社員の存在はより重要となります。

社長は仕事の質とともに会社の存続も追求しなければいけない

起業して間もない会社でかなりの確率で起こることがあります。それは、社長と現場社員との衝突です。なぜかというと、現場社員は現場としての最高の質やサービスを目指すのが理想ですが、社長は会社全体のことも考える必要があるので、まず会社を存続させることが最大の優先事項になるからです。

例えば、5人のクリエイター仲間同士で起業をしたとします。そのうちの1人が社長として会社全体のマネジメントをするようになると、必ず社長と残り4人のうちの誰かが経営方針をめぐって衝突し始めます。なぜなら社長には、社長の立場として他の4人を食べさせていかないといけないという意識が生まれてくるからです。

社員時代は良いものを作るために経費も惜しみなく使おうとします。しかし、社長になると、そんなお金の使い方をしていたらたちまち会社が潰れてしまうことに、資金繰り表を見て気づくようになります。一方、他の4人は変わらず「社員」ですから、社員目線、現場目線でお金を使いたがります。

こうして次第に、社長対現場という構図ができあがっていくことになります。社長は「かつてのようなお金の使い方はできないのだから、皆ももっと経営に協力してよ」と言い、社員は「社長だって、お金をかけても良いものをと言っていたはず。社長になった途端、お金のために質を落とせというのか」と、意見が衝突します。

その先はどうなるでしょうか。社長が会社を辞めるわけにはいきませんので、社員側が1人、また1人と辞めていきます。こうして最後はバラバラになってしまった会社はたくさんあります。

このような局面で、もし経理担当者が1人でもいれば、「しがらみのない立場」で社長と現場の間に入って仲裁をする役割が果たせます。社長の代わりに、社員に客観的な立場から会社のお金についてわかりやすく説明をすることができます。また一方で、現場社員の不満や愚痴を社長の代わりに聞くことができ、組織の衝突や空中分解を回避することができます。志をともにし、せっかく起業したのに、お金のことで揉めて頓挫することほど、もったいないことはありません。

社長になって初めて、失注の報告漏れや納期のずれが資金繰りに直撃することを身体で理解する

私もよく「決算書の見方を教えてほしい」と言われます。書店に行けば、それに関連する本の多くがベストセラーになっています。

決算書を知識として理解することはもちろん大切なことです。しかし私は、もっと大切なのは「身体に自社のお金の動きを覚えさせる」ことだと思います。そのほうが現実の経営では実践的であり、役に立つからです。

例えば納品に関して、社員時代は、たった1日納期がずれるくらいであれば、それほど気にしたことがなかった人も多いでしょう。しかし実際には、この「納期の1日遅れ」が会社経営を直撃することもあるのです。

会社間のお金の支払ルールは「納品日の月末締めの翌月末日支払い」というように、納品した日の月末を基準にして何日後、何カ月後に支払うかが決められていることが多いです。そのため、例えば「納品日の月末締めの翌月末」に入金をしてもらうという契約の場合、1月30日の納品が31日になりましたということであれば、支払いにも影響なく2月末

1日の納期のズレが、入金を遅らせ資金繰りを悪化させる

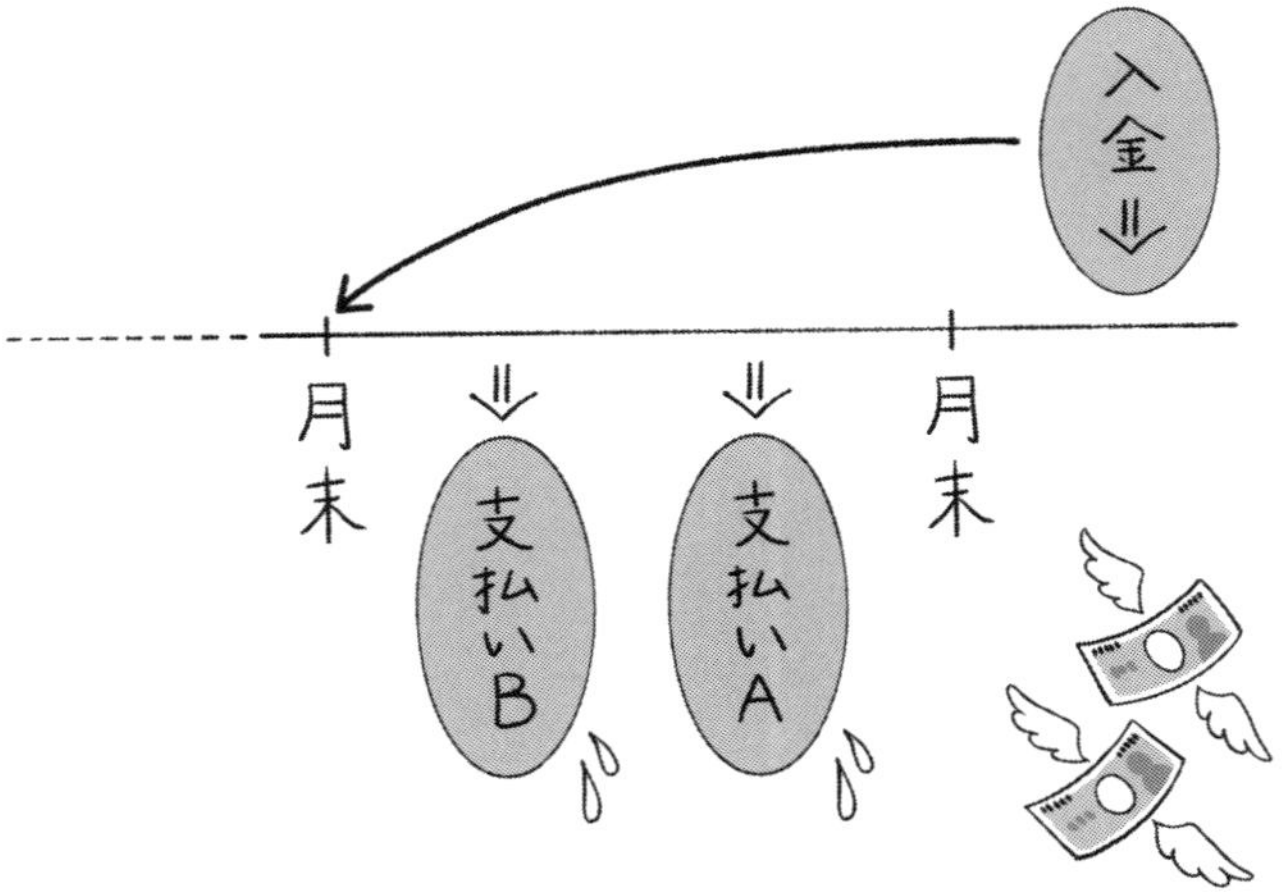

に入金をしてもらえます。しかし、1月31日納品の予定が2月1日になりました、となった場合、2月1日の月末である2月28日の翌月末である3月31日に入金ということになります。1日の納期のずれが1カ月の資金繰りのずれにつながります。こうしたことが何件も重なったり、大きな金額の案件だったりすると、その間にも通常の家賃や給与の支払いはありますから、たちまち資金繰りは悪化していくわけです。

そのようなことが起こらないように、社長は現場担当者に対し、例えば納品スケジュールを本来の納品日から逆算して3日前などを社内の目標納品日にするよう指導するのも一案です。そうすれば、多少の遅延事象が発生しても必ず実際の予定日までには納品できる体制を敷くことができます。経理担当者がいれば、そうしたことも忙しい社長の代わりに発案し、現場へ指導、サポートすることができるでしょう。

社長になっても社員目線のお金の使い方をしていると独裁経営になりやすい

このように、社長の立場というのは、社員時代とはお金に対する考え方やアプローチがかなり異なります。そこで社員時代に、社長の視座でお金を見る習慣づけをしておくのもよいと思います。

私がアドバイスできるひとつのコツは、社員の場合には与えられた予算の範囲内で自分を中心としてお金をどう使うのかと考えることが多いのに対して、社長の視座は会社の建物の斜め上を飛んでいる鳥の視点で会社全体のお金を見るイメージを持つ、ということです。

もし社長になっても社員の視座のまま、「自分中心」の視点でお金の使い方を決めてしまうと、「独裁」と社内外から言われてしまうことも増えるでしょう。周囲には、「自分が社長なのだから、どうお金を使うかは自分の勝手だろう」という姿に映りますし、実際に独裁的になっていきがちです。たとえ社長が株式の１００％を保有する株主で、その会社が「自分の会社」だとしても、会社を大きくしていきたいのであれば、お金の管理や使い方に関しては、自分と会社とを「分離」して、客観的な視点で数字を捉えたほうが、バランスの良いお金の使い方、投下の仕方を考えることができるはずです。「会社全体を意識する」ことがポイントです。

第4章

経理は会社の「万が一」を想定、対応するために役立つ

「万が一のことなど起こらないから何も対策をしない」という社長が、万にひとつのチャンスをつかむことはない

万にひとつのチャンスを実際につかんでいる人を見ていると、その人は万が一のリスクをいつも考えているように見えます。言い換えれば、日頃から万が一のリスクを軽視している人は、万にひとつのチャンスが来ても「自分のところに来るわけがない」と準備をしておらず、チャンスをつかみ損ねるということです。

リスクとチャンスは相反するようで、実は「めったにない」「万が一」という点で共通しています。会社経営とは、油断すればすぐに転落が訪れ、新規事業は10個トライして1個でも当たれば運が良い世界です。「常に万が一のリスクへの対策をしておく一方で、万にひとつのチャンスに常に備えている会社」しか、成長し続けることはできないというのが、これまで多くの会

社を見てきた私の実感です。

例えば営業部のエース社員が、万にひとつのチャンスをつかむべく営業のことだけを考えて仕事に集中できるのは、常に万が一のリスクに備え、現場を支えることができるバックヤードがいてくれる会社のみです。そのような組織の配置・構成を考え、陣頭指揮を執るのが社長です。地震や台風など天変地異が日常的に起こり、周辺国との政治課題もあるこの日本で、リスクを想定せずに経営をするということは、成功、成長することから限りなく遠ざかります。

ただ、その一方で、常に明るく前向きに社員を牽引していくことも社長の役割です。この一見矛盾する社長の役割の「リスク対応の部分」を、社長に代わって担ったり、サポートしたりできるのが経理担当です。

「突然資金援助が打ち切られたら」を常時想定しているからチャンスをつかめる

最近は、創業したばかりで売上実績もまだないようなスタートアップ企業が投資家から出資を受け、それを運転資金の一部としながら経営するケースも増えています。運転資金があるうちに売上実績を伸ばし、資金繰りを改善させていくことが理想ですが、計画通りにいかないケースもあります。その場合、さらなる追加出資を投資家などにお願いすることになりますが、それまでの売上実績や今後の売上予測を見て、投資対象としては魅力的に映らない場合もありますので、即「追加の出資は見送る」という判断が下されることも現実にはあります。「万が一、追加出資を断られた場合」を事前に想定し準備や対策をとっていないと、たちまち資金繰りが悪化し、何の対処もできないまま潰れてしまう、ということも起こり得ます。投資家からの出資は、急遽出資をしていただくことが決まる確率と同じ確率で、急遽取りやめになることもあるのです。

正式な契約書面を取り交わしていない限り、たとえ投資会社の担当者から「社内の役員会議で内諾が出ている」とか、エンジェルと呼ばれる個人投資家から「お金に困ったらいつでも応援するよ」などと言われていても、それは「口約束」の域を出ません。「出資してくれるって言っていたのに、ひどい、裏切られた」と社長が嘆いたところで、後の祭りです。

出資を受けたお金を運転資金の一部として使って経営している会社の場合は、常にそのような最悪の（ＢＡＤ）ケースも想定しておくことが基本です。「もし、突然資金援助が打ち切られたら、あと何カ月会社はもつか」を経理担当に計算してもらい、社長も常に頭に入れておく必要があります。そのような心構えを日頃からしておきながら、新たな投資家候補を探しつつ、助成金や金融機関等からの借入など、あらゆる資金確保の方法を経理担当と手分けして準備しておくとよいでしょう。

このように日頃から備えておけば、会食などの場で突然、出資候補者を紹介されたような場合に、相手から「いくら必要ですか?」「その内訳は?」と矢継ぎ早に質問をされても「〇万円必要です」「人件費が〇万円、家賃が〇万円、広告宣伝費が〇万円、その他も含めて総額〇万円必要です」など、すらすらと社長が即答できれば、すぐ本題に入ることができます。

常に備えているから、突然のチャンスにもすぐに対応ができるわけです。リスクの想定や対策を「時間の無駄」「お金の無駄」と思っているうちは、チャンスをつかむことはないでしょう。

突然大口の受注先が倒産したら、あとどれだけ会社がもつか

自社には何の落ち度もないのに、会社が突然経営危機に陥ることもあります。

そのひとつが、主要取引先の倒産です。特に大口の受注先が突然倒産した場合、その後の取引は0円になりますし、場合によっては未回収のお金（売掛金）も発生していることがあり、その会社への依存度が大きいほど、自社の資金繰りも急速に悪化します。慌てて資金調達に走ることになりますが、金融機関などからの借入の手続きが間に合わない場合もあります。

なぜなら、借入理由が「大口の受注先の倒産による」場合、現状の売掛金が回収できない恐れがあるだけでなく、新たな受注先を見つけるまでは売上が一時的に大きく減ることが想定されるからです。そのため、金融機関によっては審査に時間がかかり、条件つきでの融資や、希望額より減額した融資、最悪の場合は融資自体を断られることも可能性としてはあります。

大口の受注先は、会社経営においては非常にありがたい存在です。しかし万が一の事態が起こることは、どんな会社にもあり得ることです。そのため、定期的に調査会社に依頼して与信

調査を行い、倒産リスクがないかを確認しておくことをお勧めします。同時に、「第2、第3の大口の受注先」を作ることが大切です。「大口」の基準は一概に決めることはできませんが、例えば「会社全体の売上の3割を占める取引先が突然倒産した場合、当社は何カ月資金繰りがもつか」というように、シミュレーションをして頭に入れておきます。

また、先方の「経営方針の変更」によって、突然受注を同業他社にすべてとられてしまうケースもあります。受注先の社長交代や担当者の交代により、取引先の選定方針や選定先が変わるのは、逆の立場で考えればそう珍しくはないことは理解できると思います。ですから、そうした取引先の人事などの情報にも日頃から敏感になっておく必要があります。数字の側面から見ると、大口の受注先には「チャンスとリスクの両面」があることを頭の片隅に置いておきたいものです。

もし突然売上が0円になったら、どれだけ会社がもつか

このように、一つひとつ個別にリスクを考えていってもいいのですが、実際のところ、毎日リスクのことばかり考えていたらきりがありません。

そこで簡便的な方法として、「万が一突然、自社の売上そのものが0円になったら」と考えてみます。「そんなことあるわけない」と、先日まで誰もが思っていたでしょうが、現にコロナ禍で売上高前年比95%以上減という会社もあったはずです。社長である限り「そんなことあるわ

けない」という考えを排除し、「そんなことある……かもしれない」という姿勢でいることが大切です。

例えばそれを基点にして、売上が突然100％減、80％減、50％減、30％減になったら……と、段階ごとに考えていけば、やるべき対処がそれらの比率に応じて違ってくることもわかるようになり、結果としてあらゆるリスクを想定することにもなります。

こうしたシミュレーションは、いざ本当にそうなったときにとりかかっても間に合いません。お金にも時間にも余裕のあるとき、つまり「平時に有事のシミュレーションをする」ことが重要です。平時のうちに、社長と経理担当で、自社の売上が突如減額した場合のシミュレーションを行い、何が対策として必要になるかを話し合ってとりまとめておき、いざというときにすぐ指示を出せるように備えておくのです。

経理がいれば、経理担当が緊急融資や助成金の申請手配をしている間に、社長は営業に行ける

経理担当がいなかった会社は、コロナ禍では大変だったと思います。

経理や総務が盤石な会社は、コロナ禍で緊急事態宣言が出されたときにすぐ、経理や総務が緊急融資の問い合わせや助成金の申請を行って資金繰りの対策を万全にしていました。その間に社長は売上確保のための営業活動をしたり、コロナ禍でも稼げる新規事業を考えたりして、

すぐ実行に移すことができました。

一方、経理などバックヤードの社員がいない会社はどうでしょうか。前述のようなお金に関する問い合わせや手続きを、すべて社長自身が行っていたはずです。他の社長が新たな売上の仕込みをしているときにそのような作業をしていては、その差はますます広がるばかりです。

このように、有事になると、経理がいないことで他社に差をつけられてしまう問題が確実に発生します。社長として「平時と有事」両方の状態を乗り切れる組織体制をイメージして、組織の構築や人員配置を考えてほしいものです。


しっかりした経理がいれば社長は前を向いて仕事ができる！

不正を「予防」し、社内から犯罪者を出さない

不正により経理資料の数値がずれると、正しい経営判断ができなくなる

人はなぜ不正をしてはいけないのでしょうか。「不正は悪いことだからしてはいけません」と、学校ならいざしらず、会社でも言わなければいけないのでしょうか。実は、「悪いことだから」という当たり前の理由のほかに、会社にはどうしても不正を防がなければならない理由があります。

それは、不正により会社の経理資料（帳簿）の数字にずれが生じると、その正しくない数字を基準として社長が経営判断をしてしまうことになるからです。正しくない決算書で正しい経営判断をすることは、すべての経営者にとって不可能です。だから会社で不正があっては困るのです。

社長が正しい経営判断ができなくなると、何が起こるでしょうか。正しくない指示を社員に出し、それによって利益が下がり業績が悪化します。その結果、役員報酬はもとより、社員の給与や賞与も減らさなければ経営が維持できなくなっていきます。

このように、誰か1人の不正で多くの人が影響を受け、結局、不正をした当人もまわりまわって不利益を被ります。だから会社で不正をしてはいけないのです。不正が紛れていない正しい経営資料が用意されて、初めて社長が正しい経営判断をする準備が整います。

不正は、発覚してからがコストや手間がかかる

不正をできるだけ未然に防ぎたい理由は他にもあります。それは、不正は発覚してからが大変な手間やコストがかかるものだからです。

多くの人は、「不正が発覚して悪い人が成敗されれば、それでめでたし、めでたし」と職場の不正について想像するかもしれませんが、実際にはそうではありません。まず、不正が発覚すると、その不正をした当人や周辺の人たちへの聞き取り調査などを行います。そのうえでどのような処分にするかを、社長や不正をした本人の上司、人事部門などが検討します。それと並行して、今後不正が起こらないような仕組み作りが行われ、さらに外部にも迷惑をかけた場合は、謝罪行脚なども必要になります。1人の不正のために、あらゆる人たちが労務コストをかけて不正に対応しなければいけなくなります。

また、不正の発覚により社内の人間関係もぎくしゃくします。それが原因で会社を離れていく社員も出てきます。清廉性の高い社員ほど不正を嫌がりますので、そのような社員が辞めていくことは、会社にとっても大きな損失となります。

多くの会社では、程度問題とはいえ基本は不正の対処は関係者のみに通知をして済ませるでしょうが、ネガティブな噂は結局のところ、なんとなく社内に伝わってしまうものです。「どうしてうちの会社は社内で不正があったのに、私たち社員に知らせないで内々に済ませたのだろう」と言い出す社員も出てきます。それが社内全体に広まっていくと、間接的に社長への不信感につながる恐れもあり、良いことなどひとつもないわけです。

不正は、直接的なキャッシュの損失だけでなく、労務コストの損失を招き、さらには社長への信頼も揺るがしかねないリスクもあるのです。そのため、日頃から不正をしないモラルの啓蒙をしていくことが重要です。経理担当者がいれば、社長の代わりに不正防止のためのモラルの啓蒙を日々アナウンスしてくれます。それが経理の仕事であり、役割のひとつだからです。

「社員を信じているから不正の対策はしない」は、単なる手抜き

社員の不正が発覚したとき、リアルな現場周辺では「困惑」の感情が最初に訪れます。なぜなら「自分の知っている人が不正をした」からです。これが見ず知らずの人や、同じ会社でも今まで一度も会ったことのない社員だとしたら、「とんでもない人もいるものだね」と、怒りや

呆れの感情が最初にくることでしょう。

身近な人の不正は、「どうしてあの人の不正に自分は気づけなかったのだろう」と、自分の「人を見る目の不確かさ」を問われるため、困惑するのです。特に社長自らが採用した社員や、長年可愛がっていた（少なくとも社長はそう思っていた）社員が不正をした場合は、「私は人を見る目がなかったのだろうか」と、自分に対する自信が揺らぎかねない出来事になります。

「私は社員を信じているから不正の対策はしない。対策をするという時点で、その人を疑っていることになるから」と考える社長もいるかもしれませんが、それは見当違いです。不正の対策は、不正を摘発することが主な目的ではありません。大事な点は、不正を発生させないことなのです。「社員のことを家族同然に大切に思っている」のであれば、家族を犯罪者にしないために、不正を発生させない対策をすべきです。

では、どうすればいいのか。ここで経理の出番です。後述するように、お金を扱う経理担当だからこそどんなリスクが潜んでいるかを知っています。彼らと相談しながら、どのようなルールや体制にすれば小人数でもチェック体制が構築できるか、仕組み作りを検討すべきです。「社員は家族です」と口で言うのは2秒もかかりません。とても簡単です。でも行動で「社員は家族だと思っている」ということを示すには、地道な作業や啓蒙が必要なのです。

不正の対策なんて面倒だし必要ないというのであれば、安易に「社員は家族です」などと言ってはいけません。「家族なのだから、ちょっとくらいならお金を拝借してもいいよな」と捉えてしまう社員が実際に出てくるからです。

不正をしない、させない経理社員に備わっているのは「廉恥心」

廉恥（心が清らかで、恥を知る心が強いこと）という言葉があります。私は廉恥心こそ、社長と経理にとって仕事上で必須な要件だと思います。

特に、経理社員は日常的にお金を取り扱いますから、会社で一番不正ができる環境下にいます。だからこそ、まず自分が不正をしない、そのような誘惑に負けないという人でないといけません。そしてもうひとつは、社長や現場など、他者が不正の誘惑にかられないように、日々「廉恥心」を啓蒙できる人でないといけません。

現実の世界では、不正をしたほうがラク、不正の習慣に浸かったほうがラク、というシチュエーションが数多くあります。だから社長や現場は「不正をしてしまおうか」と心が揺らぐことがあるのです。

良い経理社員は、「それでもやっぱり正しいほうを選びましょうよ」と、彼らを引き戻せる力があります。そのような経理社員を採用できればいいですが、そうでなければ社長自身が廉恥心を経理社員に浸透させていく必要があります。

廉恥心のない経理社員が一番舐めてかかるのは、相手が自ら「自分は経理のことが全然わからない」と言ってしまう人です。ほとんどの人は謙遜でそれを言っているのですが、廉恥心のない経理社員はそれを鵜呑みにしてしまいます。最悪の場合、「経理がわからない連中だから不正をしたってバレないだろう」と、不正に走ります。経理社員の業務が属人的でブラックボックスになっていると特にその傾向は高まりますので、予防として2つの対策をお勧めします。

1つ目は、「業務マニュアルの作成」です。

経理業務のマニュアルを、社長が読んでも1回で内容が理解できる言葉で経理社員に作成してもらい、社長がいつでも閲覧できるところに保管しておいてください。

2つ目は、「経理関連のデータは、社長が見ようと思えばいつでも閲覧できるようにしておく」ことです。特に一人経理体制の場合、これをしておかないと「ダブルチェック体制」になりません。会社で起こる不正のほとんどは、ダブルチェック体制が機能していなかったところで起きています。

以上の対策を嫌がる経理社員はまだ廉恥心が備わっておらず、言われなくてもこの体制ができている経理社員はすでに廉恥心が備わっていると考えてください。

さらに言えば、「自分は経理に興味がない」と口にしたり態度に出したりしてしまう社長も、廉恥心のない経理社員の格好の「餌食」となります。興味がない人を騙すのは一番簡単だからです。

本書を一通りお読みいただき、「難しい会計処理は経理の仕事だからそれは別として、経理の概念や重要性はおおむね理解している」という姿勢で経理社員に接していただければ、経理部門の清廉性は保てると思います。

不正の仕組みを理解しておくことが、発生の予防につながる

社員の不正によって一番ダメージを受けるのは、社長の心です。しかし、いつまでもショックを引きずっている時間はありません。社長としてすぐに対応をしなければいけませんので、日頃から「もし自分の会社で不正が発覚したら」ということはシミュレーションしておいたほうがよいでしょう。

経験上、社長が不正の発覚後に一番悩むのは、どこまでの範囲の人に不正の事実を伝えるか、という点です。道徳的立場に立てば、社内外のすべての関係者に、不正が発覚した経緯、被害金額、今後の対策を伝えるのが理想です。しかし、正直に伝えることによって、社員からの反発や取引先の不信感を招き、不正の被害額以上の損失が生じることも十分想定されます。そのため、最低限の関係者だけに情報共有をし、不正をした当事者にはひっそりと退職してもらう、というケースが多いのが現実です。

そのような対処の難しさから、不正は「見つかってからが本番」と言っても過言ではありません。だからこそ「不正を発生させない」ことに労力をかけ、発生後にかかるさまざまなリスクを未然に防ぐことが大切です。

その体制作りのためには、社長自身が「不正はどのような条件が重なると発生するのか」を構造的に理解しておくことが必要です。そうすれば、経理部門や現場責任者に不正が発生しな

い体制作りを的確に指示することができます。
そこで以下では、不正が起こる構造について考えてみます。

不正は「7つの軸」と「1つのゆらぎ」から構成される

不正を未然に防ぐためにはまず、不正が発生する構造を理解することです。そこで、会社の不正はどのような法則で、どのような環境で起こるのかを洗い出しました。私が考える不正の構造は、次の7つの軸と1つのゆらぎです。

1　実際の不正行為の種類・方法
2　不正をする直接的目的・理由の種類
3　不正を誘引する階層環境
4　不正を誘引する取引先との取引環境
5　金銭等への接触環境
6　個々人のスキルや知識不足
7　組織のワークフロー環境
8　人間の個人的心理、集団的心理のゆらぎ

1〜7は、会社側で体制作りなどをすることによって統制が可能ですが、8は不正をする社員側の心の問題ですのでコントロールが難しくなります。1つずつ見ていきましょう。

1■実際の不正行為の種類・方法

会社で行われる不正行為の種類は、
①お金そのものを盗む
②パソコンなど、備品を盗む
③在庫や原材料、販促グッズ、顧客情報のデータなどを盗んで現金化する
などが中心になります。つまり、これらお金、備品、在庫、販促用の品々、個人情報データなどの管理がずさんで、誰も個数や量を台帳管理していない、鍵をかけていない、パスワード設定がされていないといった状態では、「盗っていいですよ」と言っているようなものです。

不正を未然に防ぐためには、総務部門・経理部門・在庫担当部門・販促部門・システム部門などと連携して、これらの管理方法を徹底してください。特に最近は、会社から盗み出したものをフリマサイトなどで不正に転売するケースが多発しています。自社の販促用の非売品グッズなどが1個ではなくロットごと、またはコンプリートされた状態で大量に出品されているケースなどは注意が必要です。定期的に販促担当の社員などに、フリマサイトにそのような形で自社のものが出品されていないかチェックをしてもらうのも一案です。放置をしていると「こんなに非売品グッズが大量に出回っている会社だから、管理体制がずさんなのだろう」と思われ、悪い人たちがさらに会社に近づいてくるようになります。

また、不正の方法としては、
①経費精算で私物の領収書や架空の領収書を申請する

②キックバック（後述）の金額が含まれた、通常より水増しされた支払請求書や、架空の支払請求書を申請する

③管理されていない金銭・在庫・備品・データなどを直接持ち出す

という方法が主となります。

右の①と②を見ていただくとわかるように、会社には「偽の申請書」が紛れ込む可能性があります。そのため、承認前に「申請書が本物か否か」のチェック作業が必要となります。

直属の上司や経理部門がこの役割を果たせていれば、不正をしようとする人がいても「この会社ではできないな」と、不正を思い留まらせることができます。しかし、直属の上司が部下の申請書を形式的にしかチェックしておらず、社長が「経理など別にいらない」と言って経理担当者を置かない会社の場合は危険です。誰も気づかないうちに「偽の申請書」が「正しい申請書」として承認決裁され、会社のお金が堂々と抜かれて外部に流出していく、ということが起こる可能性があります。

2 ■ 不正をする直接的目的・理由の種類

お金の不正をする社員には、必ずお金が必要な理由があります。だからお金や現金化できるものを盗るわけです。

お金がない原因に関しては、昔も今もあまり変わりありませんが、おおよそ以下のようなことだと思います。

①ギャンブル・投資への過剰な依存
②アルコール、薬物、買い物、ゲーム課金、推し活動や趣味への過剰な依存
③夜の遊びや、そのような交遊場所で知り合った人への過剰な依存
④本人ではなく、親しい人が①〜③で背負った借金を肩代わりさせられている

①から③は昔も今も変わりのないことといえ、外見や生活態度を見て違和感があったら気に留めておくことが必要です。「今考えると、あの給料で、あんな高級腕時計をつけていたのはおかしかった」「しょっちゅう遅刻をして常に眠そうだったから、プライベートでは何をやっているのだろうと思っていた」など、予兆が表れている人もいます。

その一方で、④のようなケースでは、本人はいたって真面目、身なりも普通で仕事もきちんとこなしていた、そのような人が親しい人のためにお金を横領していたということもあります。

身内が投資（投機）にはまり、借金で火だるまになっており、横領したお金はすべてその補塡にあてがわれていたというケースもあります。そして不正が発覚したときには1円も残っておらず、横領した本人も自分のためには1円も使っていませんでした。このような場合だと、外観だけでは不正に気づくことは難しくなります。そのため、社内の不正防止に関する業務ルールが必要になるわけです。

また、たとえ親しい人がお金に困っているからといっても、そのためにわざわざ自分の手を汚してまで横領をしようという発想は、普通はありません。「何とかしてあげなければ」という強い思いが働き、他のことが見えなくなってしまうような、それだけ生真面目な性格だからこ

そやむにやまれずに不正をしてしまうということもあるわけです。だから「うちの社員は皆真面目だから不正などしない。不正対策などしなくていい」とは思わないでください。真面目な人だから、人の借金を自分が肩代わりしよう、何とかしよう、あ、管理がずさんな会社のお金がある……ちょっとだけ借りて、すぐ返せばいいや……と、手を出してしまうのです。それが人間なのです。

3■不正を誘引する階層環境

会社のなかでお金に関する不正を一番しやすい立場にあるのが管理職です。組織の構造上、そうなっているからです。

どの会社でも、全社員の申請する経費精算や支払請求書を社長が逐一チェックしていたら、社長の日常業務に支障をきたします。そのため、支払請求書であれば100万円以上のものだけ社長が承認といったように、承認の権限についての金額設定などを行います。そして、設定金額未満の請求書や領収書は、管理職が自分の部下から申請されたものをチェック、承認をし、その後は経理部門に証憑《しょうひょう》やデータが回覧され、経理で最終チェックの後、支払処理が行われるという流れが基本となります。

そこで問題となるのは、「では、管理職自身が申請する請求書や領収書は誰がチェック、承認をするのか」という点です。理想は上席の役員や社長にチェック、承認をしてもらい、経理部に回覧してもらうことです。しかし現実には、管理職が自分自身で申請・承認をして、経理部門に回覧、で済んでしまう会社も多くあります。そのため、前述の例でいえば、100万円未満の支払請求書や領収書を偽造して「自作自演」で申請、承認すれば、横領できてしまう可能性が、環境としてはあるのです。

もちろん、そんなことはしない人間性を持っているからこそ社長は管理職に任命しているはずなのですが、管理職の人間性のみにリスク管理を委ねていると、不正が起こる可能性は高まってしまいます。管理職の社員が、どうしても不正をしなければいけない切羽詰まった事情に直面したり、職場で上司と部下との板挟みになりストレスフルとなったりしたときなどはどうでしょうか。悪い条件が重なることで、ついつい立場を悪用して不正に手を染めてしまうケースは、実際に起こっています。ですから、管理職自身の申請する経費精算や支払請求書は金額を問わず役員がダブルチェックする、あるいは横並びの管理職同士でチェックし合うなど、一般社員と同様にダブルチェックされたものを経理部門に回覧するなどして、シングルチェックの弊害を避ける形の対策をとるとよいと思います。これは管理職の上に立つ役員に関しても同様です。

さらに、きわめて稀なケースですが、何も知らない部下に自分が作った架空の領収書を渡し、「形式上、申請だけ君がやってくれる?」と依頼して、部下の経費精算に紛れ込ませて精算をさせ、後からお金を回収するという強引な管理職もいます。こうしたケースは「出来心」ではなく、非常に悪質と捉えてよいでしょう。

4■不正を誘引する取引先との取引環境

今も行われている古典的な不正のやり方に、キックバックというものがあります。これは、社員が発注先に仕事を発注する代わりにマージンを要求することで、例えば、本来30万円レベルの仕事を50万円の発注金額に吊り上げて、50万円の支払請求書を発注先に発行させ、振込の完了後に、差額の20万円の一部を謝礼として受け取るやり方です。会社にとっては20万円の余計な支出となり、損失となるわけです。

キックバックは、発注担当者が「キックバックに応じないと、発注先を変えるぞ」と発注先を脅したり、その後に担当を外れたとしても「これからもマージンを渡さないと、今までのことをバラすぞ」と脅したり、という形で行われてきました。

そして今はまた、新しい形のキックバックも登場しています。最近はフリーランスとして独立する人も増えましたので、社内の発注担当者が友人のフリーランスに仕事の発注をするケースも増えてきています。その場合に、発注担当者と発注先の友人とで結託してキックバックを行い、お金を山分けするというケースです。

受注先の与信管理に関しては、どの会社でも積極的に行っていると思いますが、発注先に関しては自分たちが支払う側なので、簡便的に済ませている会社も多いと思います。ただ、発注先はキックバックの温床になるリスクがあります。「なぜその会社や人に発注するのか」という理由を、初回取引のときだけではなく定期的にヒアリングをしたり、相見積もりを行ったりして、発注先、発注金額が適正かどうかを確認することで、不正を未然に防ぐ体制が作れます。

5■金銭等への接触環境

どんなに会社で不正をしたくても、そもそも不正ができる環境になければ不正はできません。当たり前の話ですが、これが不正を防ぐ本質です。つまり、「ああ、この会社ではこんなに厳しくチェックや管理がされているから不正はできないな」と諦めさせる環境作りを会社が最初から行っておけば、どんなに悪い人が外部から入ってきたり接触してきたりしても、諦めて別のところへ行ってくれます。ただ、だからといって、会社のありとあらゆる箇所で不正防止のためだけに膨大な時間やお金をかけて対策を行うというのも、現実的ではありません。

そのため、実際にこれまで挙げた不正の特徴を参考に、自社内で不正が起こせる環境にある「場所」を中心に対策を進めていくことをお勧めします。

また、残念ながら経理社員が不正をすることもあります。なぜなら経理部門は、現金や通帳、銀行印、インターネットバンキングなど、お金との接触が豊富な環境にあるからです。そのため、経理社員の行う業務はダブルチェックが基本です。一人経理の場合は、特に支払いに関する承認決裁に関しては社長や役員などがダブルチェック担当として、「面倒だな」と思っても確認していただきたく思います。もし「これ以上面倒なのは困る」ということでしたら、経理社員を2人以上にしていただければと思います。

なお、経理部門以外にも、在庫のある会社でしたら在庫担当者、店舗のある会社でしたらレジ担当者など、現金や現金化できるものに接触できる環境にある人や場所はたくさんあります。社内にどれくらいあるかをピックアップしてください。その箇所を中心にダブルチェック体制にすることで不正が発生する確率も減りますし、業務ミスが発生する確率も少なくなります。

6■個々人のスキル不足や知識不足

不正のなかには、これまで取り上げたような「お金が必要」などの「動機がある不正」とは別に、作業ミスの隠蔽を発端として「結果的に不正に発展してしまった」というケースもあります。

例えば、イベント会場で現金での物販を行ったとします。イベント終了後に担当者が現金の集計をした際に、売上明細の合計が10万円なのに、手持ちの現金がなぜか1万円多い11万円あったとします。なぜ1万円ずれているのか、調べてもわかりません。とりあえずその1万円をよけて自分の財布にいったんしまい、会社に戻って売上明細と一緒に現金10万円を経理担当者に渡したとします。

その後しばらくして、売上明細に1件、1万円の記載漏れがあったことに自分で気づきました。しかし経理部での処理はすでに終わってしまいました。自分の財布に1万円だけがあるという状態になります。言うに言えないまま、実質、会社から1万円を盗んだのと同じ結果になってしまうということが起こります。

このような状況に直面するケースは、意外に少なくありません。「あれ、自分がミスしても、誰も気づかなかった。ということは、また同じことが起こっても、誰も気づかないかも」という心の中の悪魔の囁きに負けてしまい、次回の物販では意図的に売上明細を間引いて報告し、差額の現金を横領してしまうということも起きかねません。

このケースの何が問題だったのでしょうか。最初に売上明細10万円と現金11万円という差異が発生したときに、その場で他に相談できる人がいなかったということです。誰か1人でも相談できる人やダブルチェックしてくれる人がいれば、「私も一緒に明細をチェックしてあげるよ」「とりあえず経理に相談しようよ」「社長に怒られるかもしれないけど、正直に言おうよ。私も一緒に謝ってあげるから」というように、それ以上深刻な方向へ行かずに済ませることができたはずです。特に現金や現金化できるものの管理においてはダブルチェック体制を基本とし、また、現場担当者が経理担当者に「すみません、ちょっとお金の管理のことで相談に乗ってもらえませんか」と相談しやすい関係性や体制を作っておくことも大切なのです。

7■組織のワークフロー環境

不正防止にはダブルチェック体制がきわめて重要であり、そして効果があることがおわかりいただけたと思います。しかし現実には、「万が一起こる不正防止の体制作りのためだけに人員を採用する余裕はない」というのが実情だと思います。

そこで、後述するＩＴの活用で、その課題を解決していくこともできるようになってきました。在庫管理、経費精算申請、請求書申請など、デジタル化できるものはデジタル化し、社長がそれらのデータを閲覧したいときには、出張先からでも自宅からでも、すぐすべてのデータをパソコンやスマートフォン上で閲覧できる環境は整っています。「社員が申請した領収書や請求書の明細はすべて社長も閲覧しています」とアナウンスするだけでも、大きな牽制になります。

そして実際に社長が定期的に閲覧し、一般の社員に向かって、「ねえ、この間、君が接待に使っていた○○って店、美味しかった？」などと話しかけてみるのです。「あ、本当に社長は皆の申請データを細かく見ているんだ」と社員は思い、それが他の社員にも伝わり、牽制につながります。「バックヤードは売上を持たないからなるべくお金をかけたくない」と、人員を採用せず管理もアナログのままだと、不正ができる隙が生まれ、ある日突然とんでもない金額が抜かれ、「こんなことならバックヤードにお金をかけておいたほうが安く済んだ」となるのも「不正あるある」のひとつです。

今は以前に比べて安価にITサービスを活用することができますし、無料トライアルサービスを提供する会社も数多くあります。自社の業態と予算に見合うITサービスも取り入れながら、不正を発生させない体制作りをしていただければと思います。

8 ■ 人間の個人的心理、集団的心理のゆらぎ

右に挙げた1から7までは、会社がルールを策定したり、ITを活用したりしながらチェック機能を強化することで対策ができます。しかし人間の心に関しては一律の対応は思い浮かびません。1億人いれば1億通りの心のありようや考え方があり、会社が人の心そのものをコントロールすることなど通常、できないからです。

この8についての詳細は、拙著『職場がヤバい！　不正に走る普通の人たち』（日本経済新聞出版）に記載していますのでご関心のある方はお読みいただければと思います。例えば、「借金の返済期限が明日に迫っている。そして今、目の前の金庫の扉が開いている……」という状況に置かれた人でも、ほとんどの人は「いやいや、これを盗ったらすぐ見つかるし、そもそも人として駄目でしょう」と思い留まり、他にお金を工面する方法がないか考えることでしょう。しかし、なかには「いや、今日だけいったん借りて、また違うところから急いで借りてきて金庫にそっと返しておけば大丈夫かも」という発想、心理になる人もいます。

また、「ああ、仕事でいらいらする、むしゃくしゃする……」。そんなストレスを抱えていても、ほとんどの人は誰かに愚痴を聞いてもらったり、運動をしたり趣味に没頭したりしてストレスを解消することでしょう。でも「こんなにストレスを抱えて仕事をやっているんだから、ちょっとくらい不正してもいいだろう」となる人もいます。

「どの会社でも、誰だって、不正の1つや2つくらいはやっているだろう。だってしょっちゅう不正のニュースが出ているじゃん……」と平気で不正をする人もいれば、それでも自分はやらない側にいる、という人もいます。

「魔が差す」という言葉がありますが、常に「悪魔の囁き」とともに生きており、いつ「悪いゆらぎ」に襲われるかもわからない。それが人間なのです。

そのため、1から7に少しでも不備や隙があると、不正ができる環境が生まれ、8の「悪いゆらぎ」を持った社員が不正をしてしまいます。「不正はどのような会社でも起こる」「不正はどのような人でもやってしまう可能性がある」ことを前提として、組織の仕組み作りをすることが不正防止の原点だと私は思います。

「私は性善説派だからそのような性悪説で会社を管理したくない。社員を信頼したい」という社長の気持ちもわかります。しかしそうではなく、人間は、そもそも弱い生き物、つまり「性弱説」をベースとして会社の体制は考えてほしいのです。社長になるほどの人は通常、心の強い人が多く、1人で平気で困難を乗り越え、さまざまな悪い誘惑もスパンと断ち切ることができる人がほとんどです。ですがそれは、社長が「強い」からできることです。繰り返しになりますが、人間は弱い生き物であることを前提に、不正がそもそも起きない、起こりにくい環境作りをすることが、本当の意味で社員を大事にすることでは

人は魔が差す

ないでしょうか。それが会社のトップである社長の使命です。

粉飾は、社長以外が積極的にする理由はない

会社で起こる不正には、社員の不正、言い換えれば個人の利得になる不正のほかに、粉飾と呼ばれるものがあります。粉飾は、これまで挙げてきた不正とは性質が異なります。まず、社員が自発的な動機で粉飾に手を染めることはありません。なぜなら、それによって自分の手元に1円も入ることはないからです。社員にとって、自分の手を汚してまで対外的に会社の数字を良く見せる理由はありませんし、その必要性もありません。では、会社の数字を良く見せないと困る人とは誰でしょうか。

社長です。だから粉飾は、基本的には社長が主導しているということになります。

その理由としては主に2つあると思います。

①会社の存続維持のため

②社長自身の地位保全のため

①の場合は、赤字決算により金融機関から融資を断られることを危惧するなど、会社の資金繰りが悪化していくことを恐れてという理由が多いでしょう。そのため、現場に指示を出して在庫や納品など現場のデータを改竄させ、経理にはその改竄したデータをもとに決算書を作るように指示をします。あるいは直接、経理担当者に二重帳簿を作るように指示を出して、融資

の審査が通るような黒字決算の資料を作成させ、金融機関などに提出します。

②の場合は、特に大きな組織、歴史のある組織で行われることが多いですが、いわゆる派閥争いだったり、前社長時代との比較だったり、社長の保身など利己的な理由での改竄です。「前社長より自分のほうが良い業績だったという実績を作りたいだけ」「自分が悪い数字を出すと、ライバル派閥が暗躍してくるからというだけの理由」の粉飾は、しがらみのない第三者にとっては全く意味のない、迷惑このうえないものです。しかし、当事者にとってはそれが人生の一大事なのです。

人間は冷静ではいられない状況に置かれたときにストッパー役の人間がいないと、「ここで粉飾をすることは必要悪なのだ」と自分の定義する正義感に溢れ、暴走します。このようなことにならないために、これから社長になる人は晩節を汚さないためにも、意識して自身のストッパー役を社内外に作っておくことをお勧めします。１００年後、肉体が滅んだ後でも、「尊敬できる社長」として語り継がれるのは「モラルのある社長」「お金にきれいな社長」であり、「尊敬できない社長」として語り継がれるのは「モラルのない社長」「お金に汚い社長」です。

社長が恐れられすぎると業務の不正が起き、社長が舐められすぎると金銭の不正が起きる

社長が自社の実力を客観的な目で見ることなく、あまりにも強権的に売上や利益のノルマを

課すと、社員は実現不可能な部分を穴埋めしようと、水増し、偽装、発注先への圧力、顧客を騙すなどの業務上の不正を起こします。ただし、その結果として社員には1円の利得もありません。つまり社員がしたのは、自分の利益のためではなく、社長から受けた圧力、あるいは社長の指示に基づく行為になりますから、仮にそれらの不正が起きた場合は、社長にも責任の一端があります。

叩き上げの社長の場合は、「この自分でさえできたのだから、君たちもできるはず」と社員に自分の価値観を強要し、結果として追い込まれた社員に不正を起こさせてしまいます。一方、理論派の社長は、数字上の分析をもとに「理論上は達成可能なはずです」と、現場の言い分も聞かず、また具体的な実行方法も伝えず、「言い訳せずにとにかくやってください」と言いがちです。その結果、ここでもやはり社員は追い込まれ、不正に手を染めることになります。逃げ場がない形で社員を追い込む社長は、社員に業務上の不正をさせてしまいがちなのです。

これに対して、金銭的な不正は、当事者の社員が得をしているわけですから、紛れもなく社員自身のために行われる不正です。不正をした社員の言い分を聞いて社長が同情しているケースを見かけますが、本当に社員が社長を尊敬していたら、その会社で金銭の不正をすることはありません。「会社で不正をしたら、日頃から尊敬し、お世話になっている社長に迷惑がかかる」と思うからです。

社員が不正をした事実は、誰も受け入れたくはありません。「やむにやまれぬ事情があって、自分（社長）なら大目に見てくれると思ったのだろう」と社長が思いたい気持ちはわかります。

ただし、あまりにも社員に甘すぎると、「小さな金額をちょっと借りるだけだ」くらいの罪の意識の希薄さで会社のお金を拝借し、たとえそれが見つかっても「ちょっと怒られて終わりだろう」くらいにしか考えない、モラルの低い状態が生まれてしまいかねないのです。

社員に対して厳しすぎず、甘やかしすぎず、というバランスの良いマネジメントやコミュニケーションが大切です。

第6章

社長就任時に知っておくとよい経理関連業務

「会計」用語の前に「会話」用語を覚える

経理の世界には、同じ事柄を指しているのにさまざまな言い回しがあったり、経理でしか使わないような「業界用語」があったりします。

例えば、「会計ソフトにデータを入力する」ことひとつをとっても「仕訳《しわけ》をきる」「仕訳データを入れる」「伝票を入れる」「計上する」など、さまざまな言い方があります。また、本来入れるべき会計データが入っていなかったことを「計上が漏れていた」「入力が漏れていた」などとも言います。「締め」という表現もよく使います。「経費精算の受付を締め切る」「月次決算が締まった」など、締め切りの意味や、最終チェックがすべて終わり確定した段階で使ったりします。

そのため、経理社員と会話をしていて意味がはっきりわからないと感じたときは、「締めたっていうのは、チェックもすべて終わって確定したという理解で大丈夫?」と、はじめのうちは一つひとつ確認をしたほうがよいと思います。

〈会話でよく出てくる用語例〉

□**勘定科目**《かんじょうかもく》……会計データを入力する際に必要となるその内容を表す科目名称のことです。例えば、電車代やタクシー代であれば「旅費交通費」、コーヒーチェーン店での2人で1200円の打ち合わせ代であれば「会議費」など、特有の言い回しもありますが、「現金」「売上」「保険料」など、実態と内容が同一のものも数多くあります。

□**販管費**《はんかんひ》……「販売費及び一般管理費」の略称。文字通り販売業務や管理業務などで発生する経費のことですが、正式名称が長いので、日常会話や会議では販管費と略す人のほうが多いです。

□**経費**《けいひ》……「経費精算」という言葉がある通り、社員が日常的に業務で使用する費用をイメージして言う場合もあれば、「経費全般が……」などと販管費全体をイメージして言う場合もあり、人によってイメージしている範囲が違います。あいまいな場合は、「経費というのは経費精算のことを言っているのか、販管費全体のことを言っているのか、どの範囲のことですか」と確認したほうがいいと思います。

□**BS**《びーえす》……貸借対照表(Balance Sheet)の別称。

□**PL**《ぴーえる》……損益計算書(Profit and Loss statement)の別称。

□**粗利**《あらり》……売上総利益（売上高から売上原価を差し引いた金額）の別称。
□**経常**《けいつね》……経常利益（売上総利益から販売費及び一般管理費を差し引いた金額）の略称。
□**税前**《ぜいまえ》……税引前当期純利益（経常利益に特別利益を加算し、特別損失を減算した金額）を略してこのように言う人もいます。
□**キャッシュフロー**……経理実務経験者は「キャッシュフロー」と聞くと、正式な「キャッシュフロー計算書」のことをまずイメージする人が多いですが、そこまで正式な意味ではなく、「資金繰り」「お金の流れ」「資金残高は大丈夫か」という意味で「キャッシュフローは大丈夫ですか」と会話でなされることがあります。
□**月次**《げつじ》……月次決算の略称。「月次できた?」「はい、締まりました」は、「月次決算の数字は確定した?」「はい、確定しました」という意味になります。
□**着地見込み**……売上や利益など、会社の最終決算数値の見込みのこと。例えば3月決算の会社の場合、1月頃から「今期の着地見込みはどうなりそうですか?」という会話が社内外で交わされます。

月次決算の流れ

ここでは、経理がどのような手順で月次決算を締めているかをお伝えします。

主に月末から翌月の前半にかけて月次決算処理を行い、確定後、社長に報告がなされます。手順としては次のような形が一般的です。

〈月次決算の流れ〉 ＊（　）は作業終了予定日の例

①現金、預金などの実査、入出金明細の仕訳計上（月末当日〜翌月2営業日）
②売上請求書の締め、仕訳計上（翌月3営業日）
③経費精算、コーポレートカード（法人名義のカード）の締め、仕訳計上（翌月5営業日）
④支払請求書の締め、仕訳計上（翌月5営業日）
⑤（在庫がある場合）在庫計上（翌月3営業日）
⑥（原価計算がある場合）原価計算処理（①から⑤の作業終了後。翌月6または7営業日）
⑦最終チェック、確定（翌月8営業日〈予備日として2営業日ほど確保〉）
⑧社長に報告（翌月8〜10営業日）

①から③までは、社内の人間だけで行う作業ですので、スケジュールをコントロールしやすく、業務の早期化も自分たちの努力だけで可能です。一方、④に関しては、相手方が請求書を発行しますので、相手方からの発行時期が遅いと自社の月次決算処理もその分遅れます。そのため請求書の発行が遅い相手方には、先にメール等で確定金額の情報だけでも教えてもらえるように現場担当者からお願いするなどして、数字の情報を早めに揃えるようにします。

会計知識は、自習よりも経理社員や税理士と良い関係性を構築したほうが早く覚えられる

社長の本業は経営です。その一要素である経理業務に関しては、仕訳データの入力は経理社員が行いますし、専門的な内容は経理部長や税理士が把握するのが仕事です。そのため社長は、難しい会計用語を一つひとつ覚えたり、難解な会計処理を学んだりすることも大切かもしれませんが、それよりも、経理社員、経理部長、税理士などと「社長が疑問に思うこと、知りたいことがあったらすぐ質問ができ、即答してもらえる体制、関係性」を構築することのほうが先決です。

そのうえで、「うちの会社の着地見込みだと税金はどれくらい払うことになりそうか」「なぜこういう会計処理をしているのか」などの質問を通じて、相手から「速やか」に「わかりやすく」教えてもらったほうが何倍も早く自社の数字や会計について理解することができます。それによって、社長の本業のひとつである投資家や金融機関など重要な外部関係者からの質問にもスムーズに対応できるようになります。

なぜこれを推奨するかというと、会社の経営方針（ＩＰＯを目指す、海外進出を目指す、あるいは当面はそれらを目指さない、など）によって、今すぐ必要な会計知識もあれば当面は不要な会計知識もあるからです。海外進出の予定がないのに、社長が海外取引の会計処理を知る

ことに緊急性はありませんし、その時間があったら営業に行き売上を上げたほうがよい、というのが私の考えです。

ただ、経営学や会計学などの立場からすると、「このグローバル時代に、社長は海外取引の予定がなくてもそれらの会計処理の知識は『教養』として入れておくべき」となるかもしれません。学問と実践の違いです。この点の判断は社長にお任せしますが、私自身はＩＰＯをするときにＩＰＯについての勉強をし、海外赴任する際に海外の会計処理を勉強して、それでいずれも問題なく目標は達成できました。実践の立場からすると、結果を出すことがまず最優先で重要になりますので、私のようなやり方でも十分だと思います。

もちろんグローバル企業の社長になるのであれば、経理部長や税理士に加えて、ＣＦＯ（経理・財務の最高責任者）や会計士などに、

専門家と会話できるくらいの知識は持っておきたい

「私が社長として最低限理解しておくべき知識をピックアップして教えてください」と伝えれば、「教養」とされる部分も含めて資料一式を揃えてくれると思います。

ただし、どのような立場にある社長でも、内部統制やダブルチェックの観点から、経理部門の作成した経理資料のなかで主要な項目、気になった項目に関しては、最終チェックを怠ってはいけません。

月次決算資料のここだけは確認すべし

月次決算資料の内容に特に決まりはないですが、一般的に多いのが、

□貸借対照表
□損益計算書（単月、累計）

を中心として、以下は会計ソフトや会社の管理方法によって名称は異なりますが、

□予算実績比較損益計算書（単月、累計）
□月別損益計算書推移表
□部門別収支表
□プロジェクト別収支表

など、会社の課題や必要性に応じて作成され、会議などを通じて共有されることが多いです。

なお、予算実績比較の損益計算書は、会計ソフトに予算数値を事前に入力しておくことで月次決算確定と同時に算出できます。部門別、プロジェクト別の資料も同様に部門情報やプロジェクト情報を事前に会計ソフトに登録し、仕訳入力時に部門やプロジェクトの情報も一緒に登録することで月次決算確定と同時に会計ソフトから算出できます。

これらの資料が経理部門から報告された際に、社長が確認するとよいポイントを、以降で説明していきます。なお、このままお読みいただいてもいいですし、もっとイメージを膨らませたいということでしたら、自社の経理資料を横に置いてお読みください。また、これから起業するのでまだ経理資料がないということでしたら、インターネット上で「貸借対照表」「損益計算書」などと検索しサンプルや実際の会社の経理資料を出して、それらを見ながらお読みいただければと思います。

貸借対照表（BS）で会社の財産状況を定期的に確認する

貸借対照表は、その該当月の月末時点の財産情報が表記されています。そのため、金融機関から借入をした、高額な機械を購入した、有価証券を売却した、といった大きな出来事があった月は、それらの内容がどこに反映されているかを中心に確認していきます。直接、「今回購入した機械設備の分の金額はどこに反映されているの?」と経理担当に質問して確認していただいてもいいと思います。

大きなお金の動きが特になかった場合は、各項目ともそれほど大きな残高の変動はありません。そのため、貸借対照表全体から「すぐ現金化できる資金がこれくらいあるな」「借入があとこれくらい残っているのか」といったことなどを中心に見ていき、経理担当者がトピックを説明しその内容を理解すればそれで十分だと思います。

〈貸借対照表に関する具体的な確認ポイント〉

□定期的に現預金実査を行う（不正防止のため、3カ月に1度程度は、社長自身で記帳された実際の通帳を見たり、インターネットバンキングなどにログインしたりして、現預金残高が貸借対照表に記載されている残高と合致しているかを確認します）。

□「仮払金」「仮受金」「預り金」「立替金」の勘定科目残高が高額になっている場合は、その内容を確認しておく。

一般的には、それぞれの名前から連想される内容が科目残高として計上されています。イレギュラーなケースとしては、ある日突然、経理担当者が把握していない会社から入金がされ、現場社員に聞いてもすぐに入金内容がわからなかった、といったものを仮受金や預り金で一時的に処理することなどがあります。また、現場社員が、本来、取引先が負担するべきお金を一時的に自社で立て替えをした場合、立替金や仮払金の項目を使用して計上していることもあります。それぞれの残高が高額になっている場合は、経理担当者に内容を確認してください。

□「前払費用」「前受金」の勘定科目残高が高額になっている場合は、その内容を確認しておく。

前払費用は、例えば6月末日までに7月分の家賃を支払う、といったような、契約上、役務提供前に前払いが必要なものなどに対して支払った金額が計上されています。前受金は、例えば8月の売上分が6月に先に入金された場合など、月をまたいで先に入金されたものを前受金として計上しています。これらの金額も、通常の契約内容ではそれほど発生しませんので、それぞれの残高が高額の場合はその内容を確認して把握しておいてください。

□「売掛金」「買掛金」

「本業の仕事で売上が計上済みで、かつ金額が未入金のもの」の総計が売掛金残高、「本業の仕事で費用が計上済みで、かつ、支払いはまだのもの」の総計が買掛金残高です。それぞれ資金繰り表を作成する場合に、大きな要素となる項目のひとつです。

□「未収入金」「未払費用」「未払金」

会社によって勘定科目の使い方が異なりますので、以下は、目安としての説明になります。この科目では主に、売掛金・買掛金に該当しない取引に関する収入の未入金分、費用の未払分の残高がそれぞれ計上されていることが多いです。残高が高額なものの例として、給与や会社全体にかかる経費の未払金額が計上されていることが多いですが、これらに関しても不明な点があれば経理に計上内容を確認してください。

これらの項目に借入や借入返済などの項目を加えたものを中心に資金繰り表が作成されます。ですから貸借対照表全体をイメージできれば、資金繰りのイメージもしやすくなると思います。

なお稀に、貸借対照表を「ちんしゃくたいしょうひょう」と言い間違える方がいます。賃貸《ちんたい》借《しゃく》契約に似ているので、そう言ってしまうのかもしれませんが、毎月、貸借対照表を見ている社長さんならまず間違えることはありません。つまり、間違えることによって「貸借対照表を、毎月経理とコミュニケーションをとりながら見ていないな」と相手に思われることになりますので、投資家や金融機関の担当者の前では絶対に言い間違えてはいけません。「あまり数字に関心のない社長だ」と評価されてしまいます。毎月15分でも30分でもいいので、経理担当者と月次資料に目を通す時間を作ってください。そうすればそんな言い間違えはしなくなります。

損益計算書（PL）は1年ごとにリセットされる

貸借対照表と損益計算書の違いのひとつは、貸借対照表が決算期をまたぐ、またがないに関わらず、「月末時点の残高」が継続して掲載されるのに対して、損益計算書は1年の決算が終わると、その数値はいったんすべてリセットされることです。

例えば3月末決算であれば、4月1日は損益計算書の各勘定科目の残高はすべて0円からスタートして、そこから翌年3月31日まで発生した売上と費用がひたすら1年かけて積み上がっていく、というイメージです。そして、次年度にはまたリセットされ、以降同様に繰り返していきます。

損益計算書の場合は、慣例として単月の損益計算書と累計の損益計算書の2種類を資料として用意する会社が多いです。これらは会計ソフト上で日付設定（例：単月を4月1日～4月30日、累計を4月1日～6月30日に設定する、など）をするだけで、同じデータベースから2種類の資料を算出できます。

損益計算書に表記されている勘定科目の内容に関しては、「旅費交通費」「役員報酬」など、名前から連想されるイメージ通りのものになるため貸借対照表よりは身近に感じられると思いますが、勘定科目の使い方は会社によって違います。例えばコピー用紙は、「消耗品費」として計上している会社もあれば、「事務用品費」として計上している会社もあり、どちらも間違いではありません。また、外注を多く使う会社であれば「外注費」、飲食店など衛生管理に費用がかかる会社は「衛生管理費」など、税理士とも相談をしたうえで、その会社独自の勘定科目を設定することもあります。

経理というとすべて画一化されたルールがあるように思われがちですが、実はこのように柔軟性があります。そこが「学問の簿記」と「リアルな経理実務」の異なる点です。会社によって科目設定が違ったり、使う言葉が違ったりという、この特徴を知らない人は、「経理実務＝簿記（全社に共通のもの）」と勘違いしてしまい、経理実務はＡＩ（人工知能）を使って簡単に無人化できると思ってしまうのですが、そう話は単純ではありません。特に社長になるような方には、このポイントは理解しておいていただく必要があります。経理体制をどのような人材やソフトウエアを組み合わせて構築していくかは経営の根幹にも関わるところです。なお「経理とIT」に関しては第8章で取り上げます。

製造原価報告書（CR）は使う目的次第

原価計算を行う会社の場合は、製造原価報告書（CR：Cost Report）もあります。これは製品を作る際などに必要な原材料や、その製造に携わる部署の社員の人件費（給与・通勤交通費・法的福利費など）や諸経費なども、「原価の給与」「原価の旅費交通費」など、販管費ではなく原価として仕訳計上するもので、その数値は製造原価報告書に計上されます。

厳密な原価計算については、オフィスの家賃などの共通経費も、社員数や部署が使用している延床面積などで按分して、一部を「原価の家賃」として計上しますが、ここまでくると、会社の事業内容や、その会社が上場会社か未上場会社かなど、さまざまな要素で会計処理方法は変わってきます。そのため、どのような会計処理がなされるべきか、社長の経営方針も加味して経理部長、税理士、監査法人の会計士などと協議のうえ決定することになります。

例えば社長が「5年後に会社を上場させたい」という意向を持っている場合は、早い段階から厳密な原価計算を含めた月次決算を徹底して行う必要があります。また、「しばらくは未上場で少しずつ成長していきたい」ということなら、それに合わせた形でのシンプルな会計処理方法で管理がなされることと思います。

経営の現状を把握するための予算実績比較損益計算書、月別損益計算書推移表

社長になれば、役員会や経営会議などで、月次決算資料をもとに予算と実績の差異について確認をすることと思います。時間配分としては、「過去」を確認する時間は極力少なくし、今後どうすれば予算が達成できるかなど「未来」の議論に多くの時間を充てることで、予算を達成できる確率は上がります。

このとき、ついつい過去実績にこだわってしまう人がいます。しかし、どんなに現場担当者を責めても、過去の実績値を何時間も眺めても、その数字が変わることはありません。変わるのは未来だけです。自分たちの努力次第で変わる可能性のあるところに時間を割くことで、未来の数字が上がる可能性も高まります。

そこで、月次決算の数字が確定したら、役員会や経営会議が開催されるまでの間に、経理から各部門長に経理資料を配布しておくようにします。会議当日までに、「なぜ予算と実績の乖離が出たか」の理由と今後の予定をまとめておいてもらい、会議当日はそれをまず発表してもらうようにすれば、残りの多くの時間を今月以降どうしていけば各部が予算を達成できるかの

議論に割くことができます。

また、最近の会計ソフトであれば、毎月の売上や費用の推移がわかる月別の損益計算書推移表がアウトプットできる機能がほぼついていると思います。毎月の売上や経費の推移を見ながら、「どの費用が売上に比例して増えていくのか」「経費節減を3カ月前に全社的にお願いしたものは、その後減っているか」などを分析していくとよいと思います。

社員の本当の貢献度も見える部門別収支表、プロジェクト別収支表

部門別（部門ごと、支店ごと、店舗ごとなど）の収支やプロジェクト別（案件ごと、製品ごとなど）の収支を管理したい場合は、仕訳入力時に、どの部門、どのプロジェクトに該当するのかを一緒に登録することで、それぞれの収支表を会計ソフトから出力できます。

部門別収支表は、各部門長が自分の部門の収支を確認したうえでその所見を社長に報告するだけでなく、部署の評価査定の際などに活用されることも多いです。

一方のプロジェクト別収支表は、特に社長に活用していただきたい情報です。

例えばスイーツ店を経営している会社で、30品目のスイーツを自社製造し、プロジェクト管理しているとします。今、一番売上の高いスイーツAの収支を見てみると、原材料費が高すぎたり、作るのに手間がかかりすぎたりして人件費がかさみ、スイーツA単体での収支はほとん

ど利益がありませんでした。一方、2番目の売上を上げているスイーツBは原材料費も安く、作る手間もそれほどかからないため、利益はそちらのほうが出ていました。ということがわかるのが、プロジェクト別収支表の特徴です。

会社の花形案件、看板商品などが、実は利益率や利益額が低く、むしろ目立たない案件や商品のほうが利益率や利益額が高いケースは少なくありません。その多くの原因は、どうしても派手な案件のほうに関わる人員を増やすことへの抵抗感が低くなり、その分、人件費とそれに付随する経費が増えてしまうことです。1人の著名人のために十何人ものスタッフが関わる姿をイメージしていただければわかると思いますが、そのスタッフにも会社から給与が支払われています。それ以外にも、交通費や打ち合わせに伴う飲食代などの経費もかかります。しかし、本当にそれだけのスタッフをつける必要があるのでしょうか。

プロジェクト別収支表をもとに、「なぜこの案件にこんなに人が多く関わっているのか？ スタッフの半分は他の案件にまわってもらっていいのではないか？」と部門長に指示を出し、社員の稼働の仕方を調整して利益率を改善することもできます。また、「売上はそれほど高くないが、1人で担当して50%を超える利益率をあげている」など、地道に仕事をしている社員に光を当てて評価をすることにも活用できるのが、プロジェクト別収支表です。

会社のお金の流れから経営状態を見るキャッシュフロー計算書

キャッシュフロー計算書とは、文字通り、キャッシュ（お金）のフロー（流れ）を表した表、言い換えると「お金の流れからその会社の経営状態を読み解く表」です。会社の活動を、営業活動によるキャッシュフロー（主に通常発生する営業取引などによるお金の出入りなど）、投資活動によるキャッシュフロー（主に有価証券や固定資産の売買などによるお金の出入りなど）、財務活動によるキャッシュフロー（主に借入金の借入・返済などによるお金の出入り、配当金の支払いなど）の3つに分類し、それぞれ項目ごとにどのようなキャッシュの出入りがあったかを表記しています。

貸借対照表、損益計算書、キャッシュフロー計算書の3つを「財務三表《さんぴょう》」と言い、上場企業ではキャッシュフロー計算書の作成義務がありますが、未上場企業においては作成義務を負っていません。これは、重要性がないということではなく、実務面においてキャッシュフロー計算書を作成するには一定のスキルが必要になるからです。そのため、一人経理の会社などにも作成義務を負わせてしまうと現実的でない側面もあるからと推測します。

その代わりとして、多くの会社では表計算ソフト（マイクロソフト社のエクセル、グーグル社のスプレッドシートなど）で会社独自の「資金繰り表」を作成、更新をしてキャッシュフローの管理を行っているのが現実的だと思います。ちなみに資金繰り表でも、表記する項目の順番を営業活動によるキャッシュフロー、投資活動によるキャッシュフロー、財務活動によるキャッシュフローの内容にすることで、簡便的ではありますがどのような企業活動でのお金の出入りの結果、今の残高がいくらなのかというイメージはできると思います。ここでは資金繰り表についてもう少し述べていきます。

「もしも」に備えるベースとなる資金繰り表

資金繰り表の作成手順の一例として、例えば表計算ソフトを使って1カ月単位で資金繰り表を管理している場合、

①予算表をもとに、この先12カ月分の予測額を資金繰り表に入力する
②（毎回、翌月初めに）前月の予測額を実績額に上書き更新する
③前月発生した、売掛・未収入金等の金額を、入金予定月に反映させる
④前月発生した、買掛金・未払費用等の金額を、支払予定月に反映させる
⑤以降、②・③・④を毎月繰り返す
⑥新規の借入や予算外の高額な支払いなどが発生したら、都度、発生予定月に反映させる

というような形で作成管理を進めていきます。

資金が潤沢にある会社は、まず月次決算作業を優先して行い、月次決算がすべて完了して時間ができたときに資金繰り表の更新を一気にするところも多いと思います。反対に、資金が逼

迫している会社は、月次決算を締める前の、売上請求書や支払請求書がほぼ揃った段階で資金繰り表を更新して、速報値として社長に報告をする体制にするとよいでしょう。その場で「このままだと、いつ資金が底をつくか」などのシミュレーションができれば、すぐ借入の申請手続きなどにとりかかれます。資金繰り表の作成により、資金に余裕があるかないかがわかり、作業の優先度合が変わってきます。

また、ベンチャー企業や社員数の少ない会社など、資金繰り表を作成するまでもない規模、あるいはその体制ができていない会社の場合は、表計算ソフトを使って単純に現預金の月末残高の合計額を算出するか、会計ソフトの機能を使って現預金残高の毎月の推移を出力して見ておくだけでも、1年を通した会社の資金の動きや傾向がわかると思います。

例えば現預金の合計残高が、月を追うごとに5000万円、4400万円、3900万円、3300万円となっていたら、確実に毎月500万円以上は残高が減っていて、このままいくとあと半年ほどで資金がなくなることくらいは、全体の資金繰り表を作らなくても暗算でわかります。

そのような場合は、「売上が現状から回復する見込みはあるのか」「経費のなかで節減できるものはあるのか」などを至急洗い出します。それでも資金が逼迫しそうなら、借入が可能か金融機関に問い合わせるなど、早めの対策を講じます。

究極の危機管理として、資金繰り表の入金予定部分をすべて0円にしてみます。すると、資金繰り表には現時点の現預金残高と今後の支払予定金額だけの数字が残り、コロナ禍のような外的要因や不祥事などの内的要因などで「突然売上が0円になっても」借入をせずともあと〇カ月は会社は大丈夫、という試算が、あくまで概算ですが可能です。

社長は、経理担当者とこのような情報を定期的にシェアしておくとよいと思います。これまでは「これだけひどい天災や人災が起きたら今後しばらくは発生しないだろう」と考えることも多かったでしょうが、これからは、「今回よりもっとひどい天災や人災が来年また起こるかもしれない」と考えながら経営していく時代です。

社長の直感と月次決算数字との突き合わせ方のコツ

会社の数字は、社長がまず現場の状況を見て「今月の月次決算はだいたいこれくらいかな」と予想をしたうえで、経理が算出した月次決算資料の結果と突き合わせます。そこで社長がイメージしていた数字とほぼ一致していたら問題はないのですが、差異があった場合は、原因として次のような可能性があります。

〈発生頻度が高い差異理由〉

①現場から経理への売上申請の漏れ、納期ずれの案件の発生を社長に未報告
②現場から経理への支払関連の申請漏れ、在庫表など経理への提出資料内容のミス
③社長が認識していない会計処理を経理で新たに行った

〈発生頻度は少ないが可能性がゼロではない〉
④経理の処理ミス
⑤不正の発生
⑥社長の勘がずれている

①に関しては、現場社員が、売上が実際にあったのに経理に申請をし忘れている、もしくは納期が先にずれたのに社長に報告がなされていなかったことで、社長がイメージしていた売上金額より実際の売上金額が少ない状況が生じている可能性があります。

②に関しては、現場社員が、すでに届いている支払請求書を経理に提出し忘れているなどにより費用の計上漏れが発生し、その影響で社長がイメージしていたよりも利益が多くなってしまっている可能性があります。また、在庫表などの記載ミスで利益がその分ずれているという可能性もあります。

③に関しては、按分計上（例えば期間が1月1日～3月31日の3カ月に及ぶイベント協賛金の売上が900万円あるとすると、1月、2月、3月にそれぞれ300万円ずつ等分で売上計上するように監査法人から指導されることもあります）など、社長が認識していない会計処理などが行われていて経理から事前にその報告がない場合に、イメージとの差異が発生します。

また、④から⑥に関しては、発生頻度は低いですが、①から③までを点検して、それでも社長のイメージと経理が算出した結果が合致しない場合は、④から⑥の項目も確認していってください。

このようにして、「社長の感覚と月次決算の結果との差異」を縮めていくことを繰り返すことで、会社の数字は社長の身体にしみ込んでいきます。会社で起こる些細な出来事がどのような数字の変化をもたらすかを直感的に理解できるようになり、対処も速くなり、数字を下げずに済むようにもなります。

月次決算早期化のコツ

月次決算の早期化を指示してもなかなか改善されない場合の解決法をお伝えします。

月次決算の早期化というと、文字通り「経理社員が早く処理をする」「デジタル化により一気に処理をする」というイメージがあるかもしれませんが、それでは一向に改善されないケースもあります。それは、一番大事な原因が解決されていないからです。

月次決算作業を遅らせる最大の原因、それは「申請遅れ」です。

月次決算そのものは毎月行うルーチン作業ですから、経理部門においては現場からの資料が期日までにすべて完璧に提出されていれば、問題なく確定させることができます。しかし現実はなかなか理想通りにはいかず、経理部門の月次決算作業中、あるいは月次決算が確定した直後に申請漏れだったものがあがってくることがあります。その場合に、その金額や内容によっては最初から作業をやり直さざるを得ないケースがあり、月次決算の確定が遅れます。実際によくあるのは、次のパターンです。

〈月次決算を再度やり直す可能性が出てくるケース〉

①経費精算の申請遅れ
②売上請求書の申請遅れ、金額変更
③支払請求書の申請遅れ
④在庫管理表の申請遅れ、金額変更

これらは、本決算を除き、その金額が微細（数百円、数千円レベルなど）の申請漏れであれば、翌月の扱いとして処理し、月次決算のやり直しは行わないこともあります。しかし、微細とはいえない金額の売上や支払いの漏れの場合は、それなりの規模の会社であっても、その数字を入れて月次決算作業をやり直すケースは少なくありません（上場企業であれば、監査法人からの指導で月次決算をやり直す金額基準を指示されている会社もあると思います）。また、金額の大小にかかわらず、申請漏れが数カ月続けて何件も発生している場合は、内部統制の観点から、管理体制が整っていないという理由で月次決算をやり直すこともあるでしょう。

そのため、月次決算を早く正確に締めるうえで一番大切なことは、いかに決められた期日までに「全員」が領収書や請求書、管理表などを遅滞なく、漏れなく経理部門に提出できるかということです。そのためには、経理部門の、遅滞なく、漏れなく提出するよう全社員に啓蒙、指導し、現場をサポートできる力が必要になります。

私も会社員として経理担当だったときは、月末の数日前から「今月分の経費精算は翌月2営業日までに提出をお願いします」といった内容を、メールや口頭で繰り返しアナウンスしていました。

ただし、経理部門の体制が脆弱であるがために現場部門が言うことを聞いてくれず、現場作業の忙しさを理由に経理関連書類の申請や提出が遅れるケースが多々見られます。もし経理部門の力だけでは改善できない場合は、社長が「経理部門の言う期日を守るように」と、直接全社員向けにアナウンスするだけでもかなりの効果があります。

最も効果があるのは、社内で一番忙しい社長が最初に経費精算を申請することで、経理担当者から「社長はすでに経費精算を提出されたので皆様もよろしくお願いします」とアナウンスできるようにすることです。そうなれば社員たちも優先順位を上げて、経費精算や請求書の申請をせざるを得なくなるでしょう。月次決算を早期化する目的は、早く数字を確定させることで社長が迅速な経営判断をできるようにすることにあります。それだけに、社長の協力も欠かせません。

次年度予算は必ず次年度開始前に、アナウンスする

予算作成の手順は、一例を挙げると次のような段取りで行います。

〈予算作成の手順〉

＊（　）は期間の一例

①各部署にそれぞれの部門の次年度の年間予算を提出してもらう（新年度の3カ月前に通知、2カ月前に経理部門に提出）

②経理部門が各部門から集まった予算を集約して全体・部門別の仮の予算表を作成し、社長・役員に提出する（新年度の2〜1・5カ月前）

③右記②の資料をもとに、社長・役員・各部門長などが協議し、数字の再調整を行う（新年度の1・5〜1カ月前）

④右記③の結果をもとに、経理部門で修正し、確定（新年度の1〜0・5カ月前）

⑤全社アナウンス（新年度の0・5カ月前）

①の作業の前に、社長が、「（予算作成にあたり）次年度はこのような数字を目指したい」ということを、抽象的なものでも構わないので、各部門長に伝えると効率的です。

一般的に、部門長の立場に立てば、今年度の実績数字を参考に、それとの比較で次年度については「無理のない売上数字の見込み」と「実際よりは多めの費用予算」を作成して保険をかけておきたい心理が働きます。それでも会社全体として十分利益が出る状況ならいいのですが、各部門の予算が保守的すぎると、管理部門の費用や全社の共通費用を合計したときに赤字予算になってしまうこともあります。そのため、社長から、「売上を保守的に見積もりすぎないように」「来年度は最高益を目指したいから、それを前提とした予算作りをしてほしい」「予算が未達になっても怒らないから、攻めの予算を出して」などのメッセージを、事前に各部門長に伝えるようにします。

社長のイメージと現場の見込みのずれが大きいと、予算作成を何度もやり直すことになり、新年度に予算が間に合わないというケースもよく見かけます。必ず新年度に間に合うように予算を作成することが重要ですから、新年度前に次年度の予算をアナウンスできるスケジュール組みをすることが肝要です。

投資家や金融機関が社長に聞きたいのは「原因」よりも「これから」

投資家や金融機関の人が決算書について質問をする際、その内容は大きく、

①なぜこの数字になったのか

②これからこの数字がどうなっていくのか

の2つに分かれます。

①に関する質問は、社長が内容を把握できていれば、実際の回答は社長でない人（経理部長など）が代理でしても、特にそれについてとがめられることはないでしょう。あるいは口頭での質問が専門的な会計用語の羅列で、内容や趣旨、意図がその場では判断しかねる場合は、「改めてまとめてお答えしますので、文章にしていただけますか」とお願いをしてもいいでしょ

う。それらを経理担当などにフィードバックして、経理担当から説明を受けて社長が答えてもいいですし、経理部長などから直接先方へ回答して対応してもいいと思います。

一方、②に関しては、社長自らが回答をしないと投資家や金融機関は納得しないでしょう。経理部長が「来期は1・5倍の売上を目指します」と宣言したところで、逆の立場に立てば、「経理部長さんのお気持ちはわかりますが、社長がそのように宣言してくださらないと意味がありません」となります。①は専門性の高い会計用語などを使う必要がある場合もありますが、②の場合は回答するに際して難しい会計用語は必要ありませんし、相手もそれを求めてはいません。どのような施策、計画、事業で具体的に売上や利益を伸ばすのかといった話が中心になるはずですから、これは社長が自身の言葉で語るべきものです。

過去実績については経理部長、未来・目標については社長、というように役割分担をして、投資家や金融機関の人たちが会社の将来に期待を持てるような回答を心掛けるとよいと思います。

どのような経理人材を採用して体制を構築すればよいか

「受け身」ではなく「意志」のある経理体制を

会社によっては、経理体制が「受け身の姿勢」によって構築されているケースがあります。

「受け身」というのは、会社の規模が拡大していくにつれて「仕方なく」事務員を雇い、その事務員から「自分だけではこれ以上の業務はこなせません」という要望を受け「仕方なく」経理をとりまとめてくれる人材を探して採用する。そしてその経理責任者から「もっと人を増やさないと業務がまわりません」と言われて「仕方なく」増員の許可を出し、「仕方なく」ＩＴを導入する。このようなパターンです。

本来は社長自らが「私はこのような経営をしたいので、このような経理体制を作り、経理社員は参謀として私をサポートしてほしい」と主体性を持ち、経理部門の構築に関わっていくべきで、そうしたほうが経営にもプラスになります。この章ではそのコツをお伝えします。

経理担当者の実務レベルは3段階

経理担当者には、それぞれ実務レベルの段階があります。

ステップ1……振込・納付処理などは行えるが、簿記の知識はなく、会計ソフトに仕訳データは入力できない（領収書や請求書、通帳の入出金明細など税理士から依頼された資料を一式とりまとめて税理士に送り、税理士が仕訳データを入力する体制）。

ステップ2……簿記の知識を有し、会計ソフトに日常的な取引の仕訳データが入力できる（月次決算のチェックなど全体の統括はまだできない）。

ステップ3……実務作業はもちろんのこと、月次決算のチェック、確定まででき、部門全体を統括できる。

■ステップ1

どのような会社にも、日々の振込・納付など、お金に関わる処理をする人が最低1人は必要ですが、そのような処理だけなら簿記の知識は必要ありませんので、経理未経験者でも行うことができます。起業したばかりの会社や社員数が少ない会社などは、予算の関係で経理専属の正社員を雇うことができないケースもあります。そのような場合は、他の業務を行いながら経理処理担当も兼任してくれる社員を雇い、会計ソフトのデータ入力は税理士が行うという会社が多いです。その際に、経理担当者は領収書や請求書、通帳の入出金明細のコピーやデータなどをとりまとめて税理士に送ります。

■ステップ2

管理職でない一般的な経理社員のレベルはここに該当する人が多いと思います。ステップ1の処理はもちろんのこと、簿記の知識を有しているので領収書や請求書、通帳の明細を見ながら会計ソフトに仕訳データを自力で入力することができるレベルです。

税理士の立場からすると、ステップ1の担当者の場合、簿記の知識がないので、業務上の会話時や必要な資料があるときにスムーズにやりとりができないケースがあります。その点、ステップ2のレベルの担当者であれば、問題なく税理士と業務上のコミュニケーションがとれます。

上場を目指さない会社であっても、全体の社員数が目安として30人規模になってきたら、最低1人はこのレベルの経理社員がいたほうがいいです。理由として、現場担当者が事務処理でわからないことがあってもすぐ相談できる社員が社内にいることで、現場作業により集中できるようになり、売上や利益の数字が上がる可能性が高くなるからです。

■ステップ3

月次決算のチェックや確定が1人でできる管理職レベルの担当者です。このレベルの人材は、ある程度の年俸（報酬）も必要になります。未上場の会社でも、目安として50人以上の社員数であれば、このレベルの社員が1人はいたほうがいいです。また、IPOを目指す会社であれば、社員数に関係なく、早期にこのレベルの社員を探して採用し、社内体制の整備に携わってもらうのがいいと思います。

経理体制は、どのレベルの社員をそれぞれ何人配置するかを基準に、会社の置かれた状況の変化に応じて決めていくとよいと思います。例えば30人程度の規模の会社で、今後もしばらくは未上場で経営をしていくということであれば、ステップ3の社員は置かず、ステップ2の社員＋税理士という体制でも問題ないでしょう。一方、成長拡大を前提としている場合は、ステップ3のレベルの社員を早期に採用し、社長とその社員とで認識のすり合わせを行ったうえで、経理部門の体制作りを任せるのがよいと思います。

「週5日フルタイム出社」のこだわりを捨てれば、いくらでも優秀な経理人材はいる

ある社長が「あまり経理にお金をかけたくない」とおっしゃるので、私は、「週3日だけとか、午前中だけとか、リモートとか、そのような条件でしたら優秀な経理人材はたくさんいますよ」と言いました。すると、「いやいや、やっぱり経理は何かあったときに会社にいてくれな

いと困るから、フルタイムで毎日出社してくれる人じゃないと」とおっしゃいました。そこで私が「何かあったときって、例えばどんなときですか」と尋ねると、それに対する答えが出てきません。つまり、具体的に何かあるわけではなく、社長の気持ちの問題ということです。

一昔前であれば、確かに会社で購読している新聞代の集金など現金で支払うものもたくさんありました。そのため、会社に経理社員が常時いたほうがよかったのですが、今やほとんどが口座引落や振込など、キャッシュレス対応が可能です。社員の経費精算や仮払いですら振込で行う会社も増えてきています。仮にそれらを現金で受け渡しするにしても、「月・水・金の午前中、経理社員が在席しているときに仮払いをお渡しします」というルールを作れば、まず問題はありません。週5日フルタイム出社の経理社員が金庫の前に必ず張り付いていなければいけない、という必要性はなくなっています。

あるいは、社長が経理に求める緊急性の高い現金の用事といえば、例えば結婚式のご祝儀で新券が必要なときなどでしょうか。しかし、これはご祝儀の額の目安を事前に社長に確認しておき、その分の新券だけは常時金庫の決めたところにしまっておけば問題ないはずです。秘書がいる会社であれば、私の場合は、秘書と連携して社長のお金まわりの緊急案件の有無を確認し、事前に備えていました。

現在の経理は、フルタイム出社が絶対に必要な職種ではありません。それよりも、もし経理社員本人が病気や急用などで出社できなくなっても事故にならないように、お金などの手配や準備ができているかのほうが大事です。

社長の立場として、「現場は元気がいいな、経理も頑張っているな、皆仲良くやっているな」と、出社している社員を目視で確認して安心したい気持ちは理解できます。しかし今の時代、週5日フルタイム出社が条件で募集をかけても、ちゃんとした経理経験者はなかなか集まらなくなってきています。子育てや介護、遠隔地在住など、それぞれに事情を抱えていて週5日フルタイム勤務はできないけれど、経理経験もやる気もある人を採用する、という選択肢も視野に入れておくことです。

なぜ簿記ができる人間を1人は入れておいたほうがよいのか

税理士やコンサルタントが、顧客である会社とのやりとりにおいて時間も手間もかかってしまうのは、「その会社に簿記がわかる人が1人もいない」ケースです。経理の世界は「会計用語を知っている前提」で会話が進みますので、誰か1人でも社内に簿記がわかる人がいれば、税理士やコンサルタントなどとのやりとりもスムーズですし、コミュニケーションも円滑に進み、彼らも会社をサポートしやすくなるのです。

社長から見て「税理士やコンサルタントを雇っているのに、どうしてうちの会社は数字がすぐに確定できないのだろう?」という状態になっている場合、そこに原因があるのかもしれません。

人手不足の時代です。外部人材、外部業者の積極的な活用は私も大賛成ですが、「外部に丸投げして社内には経験知の高い経理社員を1人も雇わない」というのでは、逆に非効率になっているケースが多いと思います。簿記をわかっている経理社員が1人いるだけでどれほど効率が違ってくるかにも着目すべきです。

ひとつの理想は「総務・人事ができる」経理社員

実は経理社員には、前述した業務レベルとはまた別の区分けで、以下の通り3種類の人がいます。

①経理業務だけができる人
②経理業務以外にも入退社手続きや給与計算などの総務・人事業務ができる人
③右記の①②に加え、秘書、企画、制作、営業まで何でもできてしまう人

私自身は、新卒で入社した会社で経理部に配属され経理業務を行っていましたが、その後、小規模な会社に転職をしたときに、経理以外のバックヤードの業務（総務・人事業務、秘書業務など）を一通り覚えました。例えば入退社の手続きは総務・人事業務だということはイメージできると思いますが、給与計算も実は経理業務ではなく総務・人事業務にあたります。そのため、社内で給与計算処理が誰もできない場合は、税理士ではなく社会保険労務士に外注することになります。

特にスタートアップ企業や小規模の会社の場合、経理専属というより、バックヤード全体の

作業を任せられる人が1人いると非常に重宝します。総務と経理、両方の実務経験がある人が応募してきた場合は、両方の業務をやっていただく分、年俸を上積みしても、総務と経理、それぞれ1人ずつ採用するより費用対効果は高いと思います。

起業時の最初の経理体制は「社長兼経理」または「秘書兼経理」＋税理士でもいい

社内で出世をして社長になる人、ヘッドハンティングなどスカウトをされて外部から社長として招聘される人などとは違い、一から起業する場合、経理に限らず事務処理の体制作りをどのようにしたらよいのか迷うと思います。

私がお勧めするのは、最初は自分で社会保険労務士（入退社の手続きや給与計算などの代行依頼ができます）と、税理士（会計データの入力や決算書の作成、申告などの代行依頼ができます）を探して契約します。これらについては、社会保険労務士会、税理士会、商工会議所などでも相談に乗ってくれると思います。そしてそれぞれの先生方とやりとりをしながら、忙しくなってきたら事務兼任の社員を1人雇い、その社員に総務や経理のやりとりを引き継いでいく、というやり方です。または最初からある程度の売上の見込みがあれば、はじめから事務兼任の社員を1人採用して業務を任せ、社長に業務報告をしてもらう体制をとるのもいいでしょう。

気をつけておきたいのは、周囲の知り合いに「誰か良い先生は知りませんか」と尋ねて税理士などを紹介してもらうケースです。この場合、信頼できる人からの紹介という点では安心ですが、当該の先生との相性が合わなかったときに、紹介してくれた人の手前、変えたくても変えづらいという状況に陥るケースがあり、あらかじめその点は理解しておく必要があります。

そのほかには、自社のオフィスと同じ町内に構えている税理士事務所などを訪ねて関係性を築いておくのも、いざと言うときにすぐ直接聞きに行くことや来てもらうことができるので、ひとつの方法といえます。また信頼できる起業家サークルなどに参加している場合は、そこで情報収集をするのもよいと思います。

税理士には「計上漏れ」「不正」に関する完璧なチェックはできない

経理社員にはできて、税理士の先生などではやりづらいこと、それは売上や費用などの「計上漏れの有無のチェック」、そして「不正の有無のチェック」です。

士業の先生方でも、「毎月計上されているものが今月は計上されていないけれど大丈夫ですか」といった、過去データから見て推測し、確認を求めることは可能です。しかし、基本的に外部の人は「日常的に」その会社の社員と関わることはありませんので、計上漏れの有無や不正に該当する領収書や請求書かどうかの判別は困難なのです。

そして、それを判別できるのは、「日常的に」社員と関わっている経理社員です。社内に簿記がわかる社員がおらず税理士に会計処理を外注している会社も、規模が大きくなってきたら経理社員を採用したほうがいい理由のひとつもここにあります。私は、計上漏れの有無や不正のチェックは日常的に社員と関わっている経理社員が行い、専門性の高い経理業務の部分を税理士がサポートする体制をとるのがいいと思います。

会社の成長を前提とするなら、経理処理は内製化が理想

税理士事務所のなかには、「領収書や請求書、入出金のデータなどを共有してくれれば、会計ソフトへのデータ入力を代行し、月次決算の資料もこちらで作成します」という

信頼できる経理担当者がいれば

ところもあります。一から起業する場合、はじめのうちはそのような事務所に業務を依頼し、振込処理などだけ自分たちでやる、という形でもいいと思います。

ただ、会社そのものを成長させていきたい、という場合は違ってきます。30人、50人、100人と社員数が増えていき、取引量も激増していくと、タイムリーな月次決算（目安として翌月8〜10営業日以内）の作成は、税理士事務所側でもキャパシティ的に難しくなっていくと思われます。そのため、会計ソフトへのデータ入力くらいは社内でできたほうが早く月次決算も締まりますから、会社が成長するにしたがって経理社員を採用、増員し、対応できる作業から内製化していったほうがいいでしょう。それによってタイムリーな月次決算ができ、社長も速い経営決断ができます。

第8章

経理にＩＴを最大限に活用させるコツ

「少数精鋭の経理社員＋ＩＴ＋税理士」の体制が理想

最小限の投資で経理体制が整えばよいに越したことはありません。これからの時代の経理は、単純計算や単純集計の作業はＩＴ化を進めて機械に任せ、人間は申請漏れや不正がないかといった「チェック業務」を中心に行う体制に移行していくことになるでしょう。

ただし、ＩＴ化をすれば人は全くいらなくなるかと言ったら、それは難しいです。

なぜかと言うと、ひとつには、経理には単純計算、単純集計ではない「例外処理」がどの会社にも一定数あり、それをＩＴにより自動化することはまだまだ簡単ではないからです。

もうひとつ、経理の承認フローに「人間の目」がないと、どうしても不正を企てる社員は出てきます。私が経理の無人化を推奨しないのは、特にこの点が重要と考えるからです。人件費を惜しんで経理に人を配置しなかったばかりに何千万円、何億円という額の不正をされてしまった場合、会社の損失はもちろんのこと、内部統制の観点から、なぜそのような脆弱な管理体制にしていたのかということで確実に社長の責任が問われます。牽制の意味でも、経理部門に人間の社員は配置しておいたほうがよいのです。

私の推奨する経理体制は、まず「少数精鋭の経理社員＋ＩＴ」で日常業務を行い、決算や税務など専門的な部分は税理士など専門家にフォローしてもらうことをベースに、事業規模の拡大に伴ってそこに肉づけしていく形で人材の増員やＩＴの投資を増やしていくというものです。

ＩＴ化は現場社員の心理的負担を増やし反発を招くことがある

経理環境のＩＴ化によって、大きく変わった点がひとつあります。それは、「経理が親切心で現場社員の申請を手伝えなくなった」ということです。

例えば、手書きや表計算ソフトで作成した表を印刷したものなど「紙」ベースの経費精算の申請書であれば、申請内容に間違いを見つけたら経理担当者など第三者が手作業で代わりに訂正してあげることができました。本人と上司には訂正した箇所を見せて、「ここに訂正印を押してください」という形でサポートをすることが可能だったのです。

しかし、ＩＴ化を進めクラウド仕様のソフトウェアを導入して経費申請の体制を整えた場合、申請も訂正も社員が本人のＩＤでソフトウェアにログインして、本人が作業を行わなければなりません。そのため、もし申請に間違いがあったときは、その申請データを差し戻して本人に訂正してもらい、再申請をしてもらうしか方法はなくなりました。

金額の間違いなら本人も仕方ないと思うでしょうが、「ホテルの宿泊代が『雑費』になっていますが、正しくは『旅費交通費』なので、項目を選択し直して再申請してください」などと言われると、「そんな経理の勘定科目のことまで知らないよ」と、多忙な現場の社員は思うかもしれません。

デジタル化はあらゆる面で便利ですが、経理のデジタル化に関しては、勘定科目の内容など、経理の基本的な知識を現場の社員にも求めることにつながります。そのため、経理社員には現場に対する指導力やコミュニケーション力がより求められる時代になってきています。なお、こうした新たな課題はネガティブに捉えるのではなく、現場の社員たちが経理の基本的な知識を会得できることで会社

IT化で生まれる冷たい関係には要注意！！

の数字への理解も進み、会計用語を使用した会話もスムーズにできるようになり、売上や利益が出やすい体質の組織になっていくという期待もあることに気づいておきたいものです。

IT化は、不正の規模を大きくし、犯行スピードも速くする

職場のIT化によって、不正の金額も莫大なものになりやすく、その犯行スピードも速くなりつつあります。かつてであれば、現金の札束が入ったボストンバッグやアタッシュケースを持って逃走しなければならず、そんなシーンがドラマなどでも見られたものです。

しかし今は、会社のインターネットバンキングの決裁者のID・パスワードなどを入手していれば、オフィスにいなくても、自宅やネットカフェ、あるいは海外のパソコン上からでも、簡単に莫大な額の資金移動ができてしまいます。静かに真面目に仕事をしているように装いながら不正ができてしまうのです。

「一見、何も起きていない平和な職場」のように見えて、実は日々不正が行われていた、ということも現実に起こる時代なのです。

社長は目視だけで職場の状態を把握するのではなく、特に金銭が関わる部分や在庫など資産を管理している部分に関しては、ダブルチェック体制になっているか、誰が担当しているかなど、社長自ら社員に定期的にヒアリングをすることが欠かせません。それだけでも十分、牽制になるからです。

ＩＴは「例外（イレギュラー）」と相性が良くない

今から10年近く前に「ＡＩによって10年後には経理業務はなくなる」という研究発表がありましたが、間もなくその10年を迎えようとしている現在、予測は当たっていたでしょうか。むしろ今、一定のスキルを持つ経理人材が不足している状況にあります。

もちろん、経理業務も可能なところはできるだけＩＴ化を目指したいところですが、先ほど少しだけ触れたように、ＩＴと相性が良い業務とそうでない業務があります。経理とＩＴは、一見するとものすごく相性が良く、どんどん自動化できそうと思われがちですが、実際には相性の良さは「限定的」なのです。

ＩＴ化を進めるにあたっては、こうした要素を見極める必要があります。相性の良くないところは人間が担当することで、最も効率的で生産性の高い経理部門ができあがると考えてください。

では、ＩＴ化によりＡＩが人間に代わることができる範囲はなぜ「限定的」なのでしょうか。それは、実際のビジネスや経理業務においては、ＩＴで対応可能な画一的な定型処理以外に、イレギュラーな処理が1年を通して発生するからです。

例えば社長からの、「今月だけA社は全額相殺にして。来月はまだわからない」「B社はいつも30日後支払いだけど、資金繰りに困っているみたいだから今週中に払ってあげて」というイレギュラーな指示は1年中、都度発生します。このとき人間の経理担当であれば、社長の依頼内容に基づいて適切な会計処理や振込処理などの対応を瞬時に行うことができます。

しかし、AIにはそれができません。物理的にはそうしたイレギュラーの処理を1つずつプログラミングすれば可能でしょうが、そのイレギュラーなパターンは毎回違うため、必要なプログラミングは無限にあると言っても過言ではありません。結果として、莫大な額の開発費用がかかりますから、少なくともここ数年の間では製品化は不可能だと思います。そもそも人間が対応したほうが早く、手間もかかりません。

経理業務には、このようなことが日常茶飯事です。ですから、ITの力を借りて経理処理を「速める」ことは可能ですが、「無人化」はできないのです。無人化などという発想は捨て、「少数精鋭の社員＋IT」を目指し、ITを使いこなせる経理社員を育てるイメージで経理体制を作っていくのがよいと思います。

取引先との契約条件をできるだけ一律にしないとIT導入のメリットは少ない

経理にITツールを導入しても、その効果が出にくい会社の特徴のひとつに、受発注先との契約条件が統一されていない、という点があります。

例えば、すべての受注先と月末締めの翌月末に自社に入金してもらう契約を結んでいれば、資金繰りのシミュレーションも「その月の売上の合計金額は翌月末日に入金される」という計算式やプログラムをひとつ作って、それが資金繰り表の入金予定金額欄に自動で反映されれば効率的です。

しかしそうではなく、A社は月末締めの翌月末、B社は月末締めの45日後、C社は月末締めの翌々月末というように、受注先によって入金予定サイトがバラバラな契約だとどうでしょうか。経理社員が一つひとつ入金予定日を調べて資金繰り表にアナログで転記するという手間のかかる作業が必要になりますが、計算式やプログラムを1社ごとに組むよりはまだコストも安くて速い、という状況が生まれます。経理処理は入金日、支払日、マージン比率など、各社との契約条件が統一されていればいるほど、まとめて一度に処理できるので、その業務のＩＴ化もしやすい特徴があります。逆に、各社との契約内容がバラバラであればあるほどＩＴ化しにくく、開発費用もかかり、その効果も限定的です。

もちろん、取引先との関係など、それぞれの会社の事情があります。特に、自社より大手、あるいは力関係で上になるような会社との取引の場合は、例外的な取引条件を呑まないといけないこともあると思います。ただ、それでも、社長自ら、あるいは現場責任者が先方と交渉して、できるだけ契約条件を各社統一できるように努めることで、ＩＴ化の効果は高まり、管理コストも下がります。

DXで経理をプロフィット部門に

以上をまとめると、経費精算、売上請求書、支払請求書などの日々発生する定型処理に関しては、極力、例外的なルールや条件がないように整備しておき、IT化を図ります。そして経理社員が100件、1000件もアナログで単純作業を行うようなことは減らしていき、ITで対応できない例外処理の部分に関して人間が業務対応するというスタイルにします。

こうしたIT化によって新たに生まれる余剰時間で、経営分析や予測など、売上や利益に貢献できる業務を増やし、経理部門をコスト部門からプロフィット部門に変えていく。これがDX（デジタルトランスフォーメーション）後の経理部門の目標のひとつになっていきます。

利益を生み出す経理を育成していく

特性を知らなければ、経理部門や経理社員を経営に活用することはできない

前章で、ＤＸ後の経理部門は「コスト部門」から「利益を生み出す（プロフィット）部門」へと進化させていく時代になる、と述べました。ただ、経理部門や経理社員にはどのような特性があるのかを知らなければ、社長もマネジメントのしようがありません。この章では、経理部門や経理社員の特性について、そしてどのようにして利益を生み出す部門や社員に育成するかについてお伝えします。

経理に日報はいらない

現場部門などを中心に、社員に日報を提出させている会社は多いでしょうが、経理部門に関しては日報は不要だと思います。私も、会社員時代に日報を書いたことはありません。

それには理由があります。仕事をさぼると、その分自分の仕事が進まないことになるだけなのが経理の特徴だからです。また、経理には「翌月3営業日までには売上明細を確定させる」「今月は12日までに月次決算を締める」など、毎月、数日おきに仕事の締めのスケジュールが社内で確定しています。それができたかどうかで仕事の評価も決まります。

そのため、「毎日きちんと仕事をしているかどうか、進捗状況はどうかなどを確認する」という意味での日報の必要性が物理的にないということなのです。ただ、日常のコミュニケーションの意味合いであれば、日報・週報・月報などを実施してもよいと思います。

社長と経理は意図的にコミュニケーションの時間を設ける

手のかからない経理部門、経理社員ほど、そして経営が順調であればあるほど、社長と経理は会話をする機会が減ります。

例えば月次決算の業務の流れは、「現場から申請されてきたデータをとりまとめて月次決算資料を作成し、月に1回社長に報告する」という形です。そうすると、経理と現場との間には日常的なやりとりがあっても、社長と経理は「報告」、しかも月に1回ほどしか業務上で接する機会がありません。また、「社長から経理に」、反対に「経理から社長に」、お互いに確認したいことも、資金繰りが悪化したなどの「有事」には多々ありますが、「平時」には特に生じません。警察や消防署などのように、「何もトラブルがなく、目立つ機会がないのが一番」というのが経理の仕事の特性でもあります。

そのため、経営上の問題がなければないほど、社長と経理のコミュニケーションの機会は少なくなってしまいますから、意図的に、定期的にコミュニケーションをとる時間を設けることをお勧めします。社長と経理部門とで「より売上や利益が出る施策を一緒に考える」「最近こんな新しいビジネスや会社に勢いがある」「最近の社長の悩み事」など、さまざまなテーマでコミュニケーションをとる時間を作るとよいでしょう。

経理発の新規事業を考える

社長と経理部門の共通点は、「会社のすべての数字を閲覧できる環境にある」ということです。その環境を活かして、

①現在外部に支払っているコストを削減できる新規事業を考える
②粗利率の高い新規事業を考える

といったことなどを、定期的なコミュニケーションの時間を設けた際に考えるのも一案です。
①は、例えばイベントなどで、外部の貸会議室や施設を頻繁に利用しており、その件数や金額も多い場合は、自社でイベントや軽い打ち合わせなどもできるイベントスペースを運営するといった発想です。収支はトントンでも、これまでかかっていたコストが削減できます。
②については、私自身が会社員時代、仕事の待ち時間に、さまざまな上場企業の決算短信などの開示資料を見ていて、「こんなに粗利率が高いビジネスがあるのか」「うちの会社も同じ発想でやったらいいのに」と思うことが多くありました。ただ、それをアウトプットする制度も機会も、当時の会社にはありませんでした。社長と経理で「粗利率の高い新規事業のアイデア」を数字面から逆算して一緒に考えるという時間を設けたら、現場とはまた違う発想が生まれてくると思います。
ほとんどの現場から提案される新規事業は、基本的にその担当者が「やりたい」ことになりがちですが、その実施を検討するにあたっては、利益が出るのかという点をいったん精査しなければなりません。

しかし、売上と経費の関係などが頭に入っている経理担当者は、最初から「利益が出る新規事業」という発想でアイデアを出しますので、そのプロセスがひとつ省けます。あとは社長や現場社員が「やりたいか、やりたくないか」の視点から精査するだけです。また、経理部門はコストや資金繰りも考えていますから、より「コストのかからない新規事業」「資金繰りなどリスクの少ない新規事業」の発想、提案をすることができます。

このように社長と経理とで売上や利益につながる施策を考えることで、「売上を持っていない経理部門」を「利益を創出できる経理部門」に変えることができます。「コスト部門」から「プロフィット部門」へとトランスフォームすることで、社長も経理部門に投資をする価値を見出すことができるようになります。

理想の経理社員像、5つの要素

業務能力は備えている前提で、社長や現場社員が助かる経理社員、会社を守れる理想の経理社員は、例えば次のような特徴があると思います。

①お金や数字に関してわからないことがあった際に、相談しやすい雰囲気を持っている
②口が堅い
③むやみに不安を煽らない
④皆の父・母・兄・姉代わりになれる
⑤「ただそこに座っているだけ」なのに、安心感がある

①は、社長や現場社員が経理社員にお金や数字に関する質問などがしやすい雰囲気があれば、社長や現場が勝手な判断で経理的に間違った処理や対応をしてしまうことを未然に防ぐことができます。逆に、「そんなこともわからないのですか」という態度で接する経理社員では、誰も質問をしたがらなくなります。その結果、自己判断で間違った処理や対応をしてしまい、

それが大きなミスや金銭上のトラブルにつながりかねません。

②は、経理はさまざまな機密情報や数字を日常的に見聞きし管理しているので、原則自分の業務で見知ったことをペラペラと他人に喋ることはご法度です。「経理あるある」ですが、ランチをともにする同僚は「営業でいやなことがあってさ」と愚痴を言えても、経理の場合は同じようには言えません。「資金繰りが苦しくてさ」「○○さんが不正して対応が大変でさ」などとは言えないので、その点においてはストレスを同僚と共有しにくい職種でもあります。

③は、例えば、営業社員の1人が「うちの会社、危ないらしいよ」と話しても、それだけで真に受ける人は少ないと思います。ところが経理社員の1人が「うちの会社、お金が足りなくて危ないかも……」などと雑談でも

経理のひと言が、会社を伸ばしも潰しもする！

口をすべらせたら、あっという間に社内中に広まりパニックになります。なぜならその情報源が経理社員からなので信憑性があるからです。毎日数字の情報を取り扱っていると、だんだん麻痺してきて無意識に会社のお金のことで口をすべらせてしまう経理社員もいます。社長から見て、過度に不安を煽るような発言をしている経理社員がいたら、以後そのようなことをしないよう指導してください。

④は、現場社員はどうしても現場作業が最優先で、事務処理を後回しにしがちですから、経理社員側が大人になってサポートしないと、業務がまわらないというのが現実だということです。そのサポートがないと、正しい申請が期限内に経理まで上がってこなくなり、月次決算が遅れる可能性があります。本来は現場社員が責任を持ってやることであっても、年齢やキャリアに関係なく現場社員たちの「父・母・兄・姉代わり」となって、事務処理のフォローができる経理社員がいてくれると、スムーズに組織がまわります。

そして、この①から④の要素を兼ね備えている人は、⑤のように、「この人が経理部に鎮座しているだけでなぜか絶対的な安心感がある」「この人がいたら不正はちょっとできそうもないな」「この人が経理にいる限り会社は潰れないだろう」と、現場社員には映るはずです。経理部全体がいつも不安げであたふたしていたり、経理社員がいつも不機嫌だったりすると、周囲の社員も「会社の状況が良くないのかな」と不安になります。現場社員は、経営について不安があると、社長には直接聞けないのでまず経理社員にこっそり尋ねてきます。その際に、「心配ないですよ」「大丈夫ですよ」と明るく対応をして現場社員をいったん安心させることも経理社員の仕事です。社長は、「ただ難しい計算をしている社員」ではなく、「自分の代弁者にもなり得る社員」として経理社員を教育指導していただくことで、彼らは頼りになる人材となるはずです。

「強い会社」は経理などバックヤードにも投資する

数年前、ある経理セミナーで登壇したときに、最前列で熱心にメモをとっている2人の若い会社員がいました。セミナーが終わるとすぐその2人が挨拶に来られ、「これから海外進出もしなければならず、いろいろ勉強や準備が大変で……」と話していたかと思うと、「あ、もう最終の特急電車が出てしまうので、これで失礼します!」と慌てて帰っていかれました。

この2人はセミナーのためだけに、特急電車を使って日帰りで来てくれていたのです。現場社員ならまだしも、経理社員にそこまでお金をかけてくれる会社があるのだという驚きとともに、こんなに熱心な若手の経理社員がいるなら、この会社は数年後もっと伸びるだろうなと思いました。そして、今やその会社は海外にも数多く出店し、知らない人はいない会社に成長しています。改めて「強い会社」はすべての部署が強く、そしてすべての社員が強い。やる気のある人には社長が偏見を持つことなく全部署、全社員平等にチャンスと予算を付与しているのだと思いました。

経理をはじめとするバックヤード部門は直接的な売上を持たないため、そこに経費をかけたがらない会社も多いです。しかし、この例のように、伸びる会社は現場とバックヤードとに差をつけず、お金をかけています。そして優秀な人材を全社的に育成することでさらに売上と利益を伸ばし、人材育成に投資した費用の何倍もの金額を回収して収益を得ています。バックヤードに優秀な人材がいれば、その分、現場社員は現場業務だけに集中することができますから、売上が伸びるのは当たり前のことでもあります。

会社を強くするためには優秀なバックヤードのスタッフにも長期的に在籍してもらいたいところですが、彼らのモチベーション維持は難しく、それは「インセンティブ（報奨金）」が適用しづらいということです。直接的な売上を持つ部署なら、受注件数、売上金額など、「数字」をベースにインセンティブを付与できます。しかし、経理や総務、広報、システムなど、売上を直接持たない部署の場合、インセンティブを付与したくてもその基準となるものを数値化しにくいのです。

そのためバックヤード社員については、「極端に低い評価はされない一方で、どんなに頑張っても、飛び抜けた金銭的高評価は得にくい」という状態の会社が多いと思います。実際、バックヤード部門の管理職たちから、「若手の部下から、『同期の営業はインセンティブがあるのに、自分にはないから、何をモチベーションに頑張ったらいいでしょうか』と聞かれ、どう答えてあげたらいいか悩んでいる」という相談を受けることも少なくありません。

そこで、バックヤード社員のインセンティブ付けとして、私は以下のような2つの方法を提案します。

①現場の業務改善を手伝うことで、現場のインセンティブ制度の係数を適用する
②上場企業の場合は、株価と連動したインセンティブ制度を適用する

①の場合は、例えば経理部門が、現場部門の申請業務や承認業務、在庫管理などの業務のIT化に協力して一緒に進め、それにより現場の生産性が上がり、売上や利益が上がったとします。その際に、経理社員が現場の業務改善に貢献した、という判断で、現場のインセンティブ制度の係数を経理社員にも適用するという方法です。それにより、バックヤード社員も現場部門に関心を持ち、部署を超えた全社的な業務改善、組織改善が、社長が指示をしなくても自発的にできるようになっていくと思います。

②は上場企業に限定したものですが、今後、これまでの財務情報に加え、非財務情報の内容を含んだ開示資料が投資家など第三者にどう映るかが、企業価値を左右する時代になります。上場企業の開示資料の作成には、バックヤードのほとんどの部署が関わっています。つまりバックヤード部門は、売上には直接的には関与しませんが、株価を左右する業務を司る部署になります。もし株価が上がれば、その分、企業価値も上がります。そこにバックヤード部門は貢献していることになります。

つまり現場部門が売上を、バックヤード部門が株価をそれぞれに向上させることが、会社の企業価値を押し上げることにつながります。もちろん株価は、さまざまな要因によって決まるものではありますが、現場部門が売上をインセンティブ制度の係数に使うのと同じように、バックヤード部門は株価をインセンティブ制度の係数のひとつとして使用してもよいのではない

でしょうか。株価が前期より下がった場合はインセンティブはなしですが、株価が前期より１００円上がったら〇円（あるいは□％）、というように目安として係数を設定すれば、インセンティブ付与は可能になります。バックヤード部門の社員自身も、より自社の株価に敏感になり、形式的な開示項目や文章ではなく、より投資家に魅力を感じさせる開示内容や表現を創意工夫するようになるでしょう。

以上はあくまでひとつの私案ですが、このようにして、バックヤード部門の社員もモチベーションが上がる施策を考えることで、会社はさらなる企業価値の向上を目指すことができるはずです。

第10章

「プロ経理」がお勧めする、学生起業を失敗させないコツ

最大のハンディは「悪い大人」を見分けられないこと

会社員時代に、経理という裏方の立場でプロのアスリートやアーティストたちを拝見してきて思ったのは、「天才」という人はやはりいるということです。飛び抜けて活躍する人というのは、やはり多くの人が10代から20歳前後ですでに相当の結果を出しているように思います。

ただし、当然それは世の中のごく一部の人で、その他多くの人は社会人になってから、周囲のアドバイスも受けながらコツコツとキャリアを積み上げることになります。そして早い人なら20代後半に活躍を始め、大器晩成型だと定年退職をしてから花開く人もいます。私はもちろんその他大勢のほうですが、では天才型の人たちがずっと活躍し続けられるかというと、そうではない人もいます。

私の印象では、本業の実力が衰えたのではなく、「お金のトラブル」「お金から派生した人間

関係のトラブル」でダメになった人が非常に多いように思えます。才能に溢れ若くして表舞台に出てきた人には、「いろいろな大人」が「いろいろな思惑」で近づいてきます。良い人もいれば悪い人もいます。なかには、もともとは良い人だったのが、大金を目の前にして、悪い人へと変貌していくこともあります。

例えば、何も事情を知らない親御さんに近づき、「あなた方のお子さんは、あのマネジメント会社にお金を搾取されていますよ。だから私と組んだほうがいいですよ」というデマを流してトラブルを起こさせ、自分のほうに引き寄せようと誘惑してくる。あるいは、お子さんの力で得た収入が大金になるにつれて、「この子を育てたのは私たちだから、この子が稼いだものは私たちのもの」と、親御さん自身が金の亡者となってしまうこともあります。親御さんが、素人経営でさまざまな業界の人たちとトラブルを起こしてしまうのは、実際によくある話です。

そして、それによって一番の犠牲になってしまうのが、若くて才能のある当人です。大人たちの板挟みになることでメンタル不調を起こし、その影響でパフォーマンスが落ち、結果が出なくなっていきます。大人同士の利権の争いで、若い才能を潰してしまうのです。

このように、周囲の環境は、若い人の将来に大きな影響を与えます。学生起業で社長になる場合も、いかに「良い大人」「信頼できる大人」を自分で探せるかが、すべての基本になります。

では、良い大人と悪い大人の違いは何でしょうか。外見からはなかなか見分けられませんが、強いて言うなら、学生起業の社長にとって良い大人とは、「わからないことがあればいくらでも聞いてくれていいし、サポートもするよ。だけど、最終確認や最終決断は責任を持って自分でしてね。そうしないと良くない結果になったときに、他人のせいにしてしまうから」というように助言してくれる人だと思います。反対に、悪い大人とまでは言わないまでも「グレーゾーンの人」は、「とにかく私に全部任せてくれたら大丈夫だから」と、契約ごとなど「重要なことを学生社長本人に確認させない人」ではないかと思います。

会社経営をしていくうえで発生する事務処理などに関しても、良い大人なら「仕事が増えて忙しくなったら人を雇って任せてもいいけど、最初は勉強だと思って自分で1回はやってみたら。一通り内容を理解しておかないと、チェックする側にまわったときに何も理解できないし、不正が起きたときに気づけないよ」などと助言をくれると思います。

一度社会に出て、たくさん仕事をしてたくさんの人と出会って場数を踏んでいけば、自分なりの「良い人とそうでない人の見分け方の基準」は自然と身につきます。しかし年齢が若いことのハンディは、大人との出会いの経験人数が圧倒的に少ない点です。お金の管理や契約関連については、最初のうちは信頼できる大人にも見てもらいつつ、自分自身で最終確認をし、責任を持つ習慣づけをすることをお勧めします。

「自分が最終的に決めます」という「姿勢」を見せることによって、「この若者は簡単には騙せそうにないな」と悪い大人たちが判断して、別の獲物を探すために遠ざかってくれることで、トラブルに巻き込まれる確率を下げることができます。

社会人経験の有無より自活経験の有無のほうが学生起業には影響する

学生の皆さんは、自宅から通学している人もいれば一人暮らしをしている人、寮に住んでいる人などさまざまでしょうが、一人暮らしのほうが計数感覚・金銭感覚が身につくのが早いと思います。収入は親からの仕送りとアルバイト。そこから家賃、光熱費、食費、スマートフォン代、部活やサークルの費用などを差し引くと、遊ぶためのお金が残らない。そこで「アルバイトをもう少し増やそうかな」というように、「資金繰り」の習慣がすでに身についているからです。

会社の資金繰りも同様に、基本は足し算と引き算の繰り返しです。一見すると誰にでもできそうなことですが、実際には資金繰りに行き詰まってしまう会社も多々あります。つまり、理屈だけではない要素が資金繰りの管理にはあるということでしょう。私は、その要素について、「身体で資金繰りをわかっているか」という表現が一番近いのではないかと思っています。

社会人になると、さらに一人暮らしと実家暮らしとの差がはっきりと出てきます。実家から会社に通っている人は、「会社を辞めたい」と思ったらすぐに辞めて、次の会社が決まるまでは自宅で過ごしていればいいのですが、一人暮らしの人はそうはいきません。継続して家賃などを支払わなければいけませんので、転職先を決めてから辞めないと生活の資金繰りが行き詰まります。家賃などの「固定費（毎月の収入とは関係なく発生する費用）」があるかどうかの違いで、とれる行動も変わってくるのです。

一人暮らしの人が「それでもやはりすぐに辞めたい」と思ったら、まずは「今、貯金はいくらあるか」と、転職が決まるまでの「つなぎ」になるお金の状況を確認し、それがあれば会社を辞めて次が決まるまでそのお金で食いつないでいく。貯金が足りなければ我慢して今の職場で働き続けるしかない。そのようなことを考えて、「今後は毎月3万円を『転職用』に貯めておこう」という発想になっていきます。

これもそのまま会社経営と同じです。今手元にあるお金の残高を考えて、最初は身の丈に合った物件をオフィスとして借りて家賃を支払い、儲かったらもう少し広くて便利な立地に移転しつつ、全額は使わずに一部は内部留保もして、というような作業がいわゆる資金繰りです。

また、実家暮らしであれば「電力料金が上がる」というニュースを見ても「ふーん」で終わりの人もいるでしょうが、一人暮らしだったら「じゃあ節約しなければ」と行動が変わります。

会社経営も同じで、例えば飲食店やアパレルの店舗などを展開している会社であれば、店舗にかかる光熱費は売上に関係なく発生する固定費ですから、電気代の上昇は軽視できません。「光熱費なんて別に気にしなくていい。私はもっとグローバルなことを考えたいから光熱費くらいでいちいち騒ぐな」などと言っている社長の会社は、あっという間に資金が枯渇してしまいます。会社経営を維持するためには、1カ月に必要な資金の総額はいくらなのか、何もしていなくても（売上が0円でも）手元から出ていくお金はいくらなのかを知っておくことも重要です。

さらに一人暮らしの場合は、自分で「契約や届け出」をしなければいけません。賃貸契約、住所変更、口座引落の手続きなど、「生活をしていくためには、最低限どのような契約や手続きが必要なのか」を理解できます。この点でも、会社経営は全く同じです。必要な届け出や許認可などを取得しないまま事業を始めてしまい、違法営業で摘発され、「知らなかった」ではすまない事態に発展することもあります。

一度起業をしたら、学生起業も社会人起業も関係ない厳しい競争の世界になります。これまで一人暮らしの経験がない人は、一人暮らしをしている友人たちに話を聞いてみて、「疑似体感」を得ておくのもいいと思います。

ただし、一人暮らしをしていても例外はあります。「実家から毎月30万円の仕送りがある」「高額の買い物もできるクレジットカードを親から持たされている」「親が賃貸契約や住所変更もすべてやってくれた」——。これでは、たとえ一人暮らしであっても、右に挙げたような感覚は身につきません。「有限のお金をどうやりくりしていくか」という実体験が豊富なほど、会社経営にはプラスの材料となるのです。

机上の理論より現実世界のほうが費用は多く発生しがちである

お金の管理には「体感」を重ねたほうがいいという理由のひとつに、予算を見積もる際にそれが活かされることがあります。

例えば私が予算を見積もるとき、費用部分に関しては、自分がその時点で直感的に想像した現実的な数値からさらに1・2〜1・3倍して計算しています。そのうえで、逆算して利益が出る売上予算を入れて確定させることが多いです。

なぜそうするのか。多くの人は、「これから起こる予想外の突発的な出来事を予測して数値に反映させる」ことができないからです。そして「予想外の突発的な出来事」のほとんどは、お金がかかることです。なかには「予想外の大ヒット」というポジティブな事象もありますが、通常は、「台風で店舗の窓ガラスが破損した」「お客様とトラブルになり賠償金が発生した」など、些細なことから大きなことまで、「予想していなかった突発的な出来事で追加費用が発生」という事態で

経営は机上の理屈通りにはいかない……

す。

こうした点についても、社会人経験や社長としての経験が積み上がっていけば、その勘所がわかってくるのですが、学生にはそこまでの経験知がありません。そのため、自分の想像する1・2~1・3倍くらいは会社経営には費用がかかるとイメージしておいたほうがいいと思います。また、ポジティブすぎる性格の人は全般的に「すべてうまくいった場合」の数字を入れがちなので、費用は多めに予算計上しておいたほうが、売上実績が予想よりかなり下回った場合でも、利益（または損失）の実績数値が予算に対してそれほど乖離せずに済みます。

実際に上場している会社の開示資料を見ていると、「すべてうまくいった場合」という予算の作り方をしている会社があります。そして赤字や損失が出た際に、「予測できないトラブルで損失が発生した、費用がかさんだ」と説明資料に書いています。しかし、予想し得ないことも予測して数字に入れ込んでおくのが、理想的な予算作りであると、私は考えます。

現実の社会では、為替レートが大きく変動したり、原材料価格が変動したりと、自分の意思とは関係なくさまざまな要因で計算根拠のベースとなる値が日々変わっていきます。ですから、特に費用に関しては、そうした条件がすべて不利な方向に偏ったとしても問題がないように、予算は多めに見積もっておきます。そうしておけば、予想外の事象が発生しても慌てずに済みますし、余裕を持って資金繰りなどの対応もできます。そして最終的に費用の実績値が予算内に収まれば、それはそれで外部からは「コスト意識を高く持った会社経営をしている」という評価をされることでしょう。

起業して初めて、友人と自分のやる気や金銭感覚の違いを実感する

昔から「気が合う友人・仲間」と共同で起業するとうまくいかない、と言われます。ですが、実際のところは自分1人で起業しようというケース以外は、特に学生起業であれば、一言も喋ったことのないような人と一緒に起業するわけにもいきません。ほとんどの場合は学校やサークル、アルバイト先などの先輩・後輩・友人・仲間などと起業することになると思います。私も実際に何度かサポート役として友人・知人の会社の業務の手伝いをしたことがありますが、失敗しないためにはどうしたらいいのか考えて行動していました。おそらく、失敗と言われる原因は「気が合う＝すべての価値観が同じなはず」と思い込んで、価値観のすり合わせをせずすぐに経営を始めてしまうところにあるのだと思います。

これは日本人によくあるケースだと思うのですが、「同じ学校の出身だから」「同じ部活動の出身だから」「趣味が同じだから」という前提のもと、価値観もだいたい同じだろう、と直感的に決めつけてしまうのです。しかし、たとえ友人であってもそれぞれ別人格の持ち主ですから、細かい部分は違います。「自分はこういうことをしたい」「私はこういうことはやりたくない」など、細部もすり合わせてから起業をしたほうが、後々トラブルが起こる確率は激減します。経営を始め、それが仕事となった以上は、友人だからとか同級生だからとかいうことは一切関

係がない世界になります。プライベートと仕事は分けて考えたほうが、メリハリがついてうまくいくと思います。

以前、知人のコンサルタントから次のような話を聞きました。その人の友人が起業をして「手伝ってほしい」というので、外部社員という立場で仕事を手伝っていました。ところがその会社の正社員の1人から嫌がらせをされるようになり、知人は社長にそのことを率直に伝えました。すると社長は「彼は正社員だから、悪いけどそれくらいのことは我慢してくれないかな」と知人に言ったそうです。そのときに知人は、友人と会社経営をすることのリスクに気づいたそうです。

もしこれが普通のクライアント先の社長から言われたものなら感情的になることは全くないのに、友人であるはずの社長からそれを言われたときは、瞬間的に腹が立ってしまったそうです。「いやいや、長い付き合いの自分よりも、嫌がらせをする短い付き合いの社員を優先するって、あり得ないでしょう」と思ってしまったそうです。結局、その嫌がらせをしていた社員は他の社員ともうまくいかなくなり退職してしまったそうですが、その件以来、知人は、社長との付き合い方を変えました。「友人である社長」ではなく「はじめましての社長」と全く同じように、一定の距離感を持って接するように自分の意識を変えたことで、今は問題のない関係性を築けているといいます。

友人同士だからこそ、何か問題があったときに「友人なのに」「長い付き合いなのに」という感情が出てきてしまい、それが抑えられなくなってしまうと激しい衝突になりやすいということだと思います。

また、学生起業の場合、卒業が近くなると、起業した会社で働き続けるか、それとも就職をするかという選択も待っています。社長になる人は覚悟を持ってやっていることが多いので、経営が順調であれば会社を継続するほうを選ぶ人が多いと思います。しかし幹部として働いている学生の場合、「最初はこのまま続けるつもりだったけれど、やはりそこまでの覚悟がないからいったん就職したいと思うようになった」「やっていくうちにだんだん別の道があるように思えてきた」「親がどうしても就職してくれと言うので」などと、離脱していくこともあると思います。

このとき、もしこれが友人ではない、関係性が深くない人からそう言われたのであれば、「残念だけどしょうがないよね。こちらこそ今まで一緒に仕事をしてくれてありがとう」と、社長も笑顔で見送ることができると思います。しかし、友人から言われたら、「え？　今さら就職したいってどういうこと?」「今までさんざん、既存の会社にないサービスで世の中を変えようねって言ってたじゃない……あれって嘘だったの?」などと、やはり感情的にならざるを得ないと思います。

離脱を申し出る側も、アルバイト先に「就職が決まったのでアルバイトは3月で終わりにします」というレベルとは違い、「辞める」とは言い出しにくいのも確かです。「起業をしなければずっと親友でいられたのに……」というリスクもあるのが、友人同士の起業であるということです。

また、社長が「わかった。じゃあ今まで使った経費を整理して申請しておいてくれる?」と離脱する友人に伝えたところ、とんでもない額のお金を散財していたことが最後になって判明することがあるかもしれません。「すべて気が合うと思っていたのに、離脱もされ、金銭感覚までこんなに違っていたのか」と社長がショックを受けることもあるようです。友人と起業をする場合は、相手とどのような距離感で接するかが、うまくいくかどうかのカギになると思います。

親しき仲にも敬意あり。友人同士だからこそ、お金のルールを「最初に」決める

では友人同士で起業をする場合に、具体的にどのような取り決めをしておけばトラブルを極力防ぐことができるでしょうか。ポイントは、お金に関するルールを「最初に」決めておくことです。

よくあるのが、「友人同士だから」という理由だけで、契約書や覚書を取り交わしたり、ルールを作ったりするようなことは省略して経営を始めてしまい、その後トラブルになるケースです。

例えば、お金を使うときは「3000円以内であれば事後報告でいいけれど、それを超える経費はまず自分(社長)に一声かけて確認してから使ってもらってもいい?」というレベルか

ら決めるというもので全く構いません。そのルールひとつだけでも、「3000円じゃなくて5000円にしない?」「いやいや、本当は1000円からにしたいくらいなんだけど、それだと皆には負担かなと思って」と、お互いの金銭感覚をすり合わせるきっかけ作りにもなりますし、ルールを施行することによって、実際にコスト管理や不正防止にもつながります。

また、学生起業の場合は、上手に時代の流れを読んで爆発的に成功する可能性もあります。その「儲かりすぎたとき」のお金の配分を「事前に」決めておかないと、仲間割れしてしまう確率は非常に高まります。なぜなら皆それぞれが「これ以上できないほど自分が頑張ったからこんなに儲かったのだ、成功したのだ」と思っているからです。音楽の世界で、バンドがブレイクして曲が売れたときに、作詞・作曲を手掛けたメンバーにだけ多くの印税が入ります。そのグループが売れれば売れるほど、メンバー間の収入格差も広がり、儲かりすぎたことが原因で不協和音が広がり解散してしまうというケースと同じです。

お金はないと困りますし、あったほうがよいに決まっているのですが、ありすぎたらそれはそれでトラブルになるのがお金なのです。そのため、「もし利益が1億円以上残ったら、1億円までは全員等分でシェアをして、それを超えた分は社長がもらう」「もし利益が出たら全員に一律100万円を支給し、あとは内部留保にまわして資金繰りを盤石にする」など、起業時や、年度の初めに取り決めをし、書面などに残しておくとよいと思います。起業するからにはそのような楽しい想像もしながらルールを事前に決めておくと、モチベーションアップにもつながると思います。

経験に勝るものなし。自分で経験しきれないことは「良い大人」から経験談を聞き自分の血肉にする

学生起業のメリットは、感性が時代の最先端と合致しやすいこと、そして何より体力と時間があるので、経営活動そのものが活発にできることです。半面、経験知が少ないので、悪い人や悪い会社から誘われて思わぬお金のトラブルに巻き込まれるリスクがあります。

ですから、1人でも良い大人に見守ってもらえるような体制作りも、社長の重要な仕事のひとつといえます。そのために、学校のゼミの先輩や先生、卒業した同校出身の社長などをメンターにしたり、アドバイザーになってもらったりする人もいると思います。

さらに私は、そうした人たちに加え、さまざまな属性の「良い大人」たちと付き合うことをお勧めします。趣味のフットサルサークルの仲間、長く通っている美容院の店長、かかりつけの医師など、「社長としての自分だけでなく、素の自分も知っていて良い付き合いをしてくれている大人」は、きっと良い相談相手になり続けてくれるはずです。

第11章

「プロ経理」がお勧めする、脱サラ起業、定年後起業を失敗させないコツ

「会社員時代のカルチャー」を「世の中の常識」と思ってはいけない

学生起業と比べ、社会人経験のある人が起業をする場合は、会社経営においてやらなければならない作業などはおおむね理解しているはずです。経理業務に関して言えば、経費精算や受発注、請求書の処理などの実務経験のある人も多いでしょうから、実際に会社を統括するイメージもある程度つかめていると思います。

ただ、気をつけていただきたいのは、人は、自分が思っている以上にこれまで勤めてきた会社や職種の「カルチャー」に染まっていること。そして、そのカルチャーが「世の中の常識」と完全にイコールだと認識違いしている人が多いことです。

そのため、自分が起業をして社員を雇い経営をしていくうちに、何か問題があると、すべて「相手が悪い」と判断し、問題の原因が「自分にある」可能性に気づかないことがとても多いのです。そのような事柄も含めて、これまでの経歴に応じたマネジメントのポイントをお伝えします。

大企業出身者の成功のカギは、どれだけ早く非大企業の立場や環境に慣れるかにある

大企業の最も対極に位置するのが、起業したての会社です。大企業出身者にとっては、「起業時」が一番不慣れで大変なことが数多く起こるのもそのためです。ただし、起業した会社が目指すのは大企業に近づいていくことです。最初の慣れない期間を乗り越えられれば、あとはこれまで経験してきた職場体制に近づけていく形になりますので、起業時に比べて慣れた業務が次第に増え、心理的に余裕も生まれていくことと思います。

大企業出身の起業家のなかには、なんとなく「頭《ず》が高い」印象を持たれてしまう人もいます。その理由はおそらく、「大企業というものが、人に頭を下げる機会が物理的に少ない環境だった」からだと思います。

中小企業で働いていると、受注先にも発注先にも頭を下げてお願いすることが数多くあります。一方、大企業は基本的に「頭を下げられる側」の立場での仕事が多いです。その慣習の名

残でしょうか、その場にいる人たちがお互いにどちらからともなく頭を下げ合うようなシチュエーションでも、大企業出身者だけただ1人頭を下げずに棒立ちしていて、皆から「先に」頭を下げられるのを待っている、そんなシーンを見かけたことがあります。他意がないことは周囲の人たちにもわかっているのですが、起業とは「大企業ではない」ということであり、「大企業と逆」ということです。つまり、最初は頭を下げたり、こちらからお願いをしたりしなくてはどうにも先に進まないシチュエーションが多いということです。それに慣れることができるかが、起業がうまくいくか否かの大きなポイントになると思います。

そうすることに抵抗があり慣れることができないようでは、採用した社員もすぐ離れていったり、快く対応してくれる発注先が決まらなかったり、受注もなかなかとれなかったり、といったことが起こりやすくなります。結果として計画通り売上が立たず、資金繰りが一気に悪化していきます。

起業したばかりの会社は、大企業と違って内部留保がありません。大企業であればある程度の失敗をしても資金は十分ありますが、起業したばかりの場合は1回の失敗が命取りになります。大企業のノリで「失敗は成功の母」などとは思わず、「必ず1回、最悪でも2回目で成功する」気概で臨む必要があるのです。

また、起業してうまくいっている大企業出身者の特徴として、「わからないことがあったら、年齢、経歴、学歴など、相手の属性に関係なくどんどん質問している」という点があります。人は、自分より「上」だと認めている人から「わからないことがあったら何でも聞いてね」と言われたら、躊躇なく質問をしたりフレンドリーなコミュニケーションをとったりすることが多いです。その一方で、自分より「下」だと思っている人から「わからないことがあったら聞いてくださいね」と言われた場合は、逆に一切関わろうとしない人が少なくありません。相手に聞いたほうが早いのに何日も自分で調べたり、『わからないことがあったら聞いてください』って、こっちのことを馬鹿にしているのか」と、先方に他意はないのに、そう思い込んでしまう人もいたりします。

そうやって人を属性で「選択」してしまうと、学歴や社歴や年齢が上がれば上がるほど、自分1人では解決できないことに直面していても誰にも聞けない人間になってしまいます。

起業はスピード勝負の側面がありますので、ひとつの作業に余計な時間をかけることは命取りになります。時間が積み重なって受発注も納品も遅れてしまい、資金繰りも悪化し、経営が苦しくなります。少し調べたり勉強したりしてもわからなければ、自分で解決法を探すのはいったん諦めて、すでに解決法を知っている人に教えてもらい解決するほうが、行動として「正解」のケースが圧倒的に多いのが起業時です。わからないことがあれば躊躇せず周囲に助けを求め、すぐ課題を解決してお礼を言う。そのようにスピードを意識して業務や意思決定を進めることが重要です。

大企業は潤沢な資金があるので若干の失敗やスピードの遅れも許されるかもしれません。しかし、起業ではそうはいきません。「スピードの遅れが資金繰りの悪化に直結する」ということを常に頭に入れておくことがポイントです。

実務面でいえば、大企業は内部統制が盤石ですので、どのような作業もダブルチェック、トリプルチェックが行われていたはずです。それを、「煩わしい」「自分の思い通りにやらせてもらえなかった」と感じていた人もいるかもしれません。しかし、起業したての場合は大企業とは反対に、ほぼシングルチェックでさまざまな資料を作成し、投資家や金融機関に提示しなければいけないことが多々あります。そうしたとき、「見栄えは完璧で美しいけれど、日付や数字が間違っている」資料も多く見受けられます。

皆さん、言い分として、「慌てていたから」「時間がなかったから」「急に言われたから」とおっしゃるのですが、大企業とは違い、起業してから数年は常にそのような状態が続きます。落ち着いてじっくり腰を据えて自分のペースで仕事ができるシチュエーションなど「ない」と思っていただいたほうがいいです。そのような状況下でも完璧な成果物が作れるように、自分が一人二役となってチェックをする「セルフダブルチェック」の方法を考えたり、近くにいる信頼できる人に「悪いけど、この資料が間違っていないかチェックしてくれる?」とお願いしたりするのもよいでしょう。そうすれば見栄えも中身も完璧な資料ができあがることと思います。

中小企業出身の社長の成長を阻む「コンフォートゾーン」

中小企業出身者が起業をする場合、多くの人は会社員時代に、社長も営業も経理も、全員が同じフロアにいて、皆がそれぞれ何をしているかを見てきている人も多いことでしょう。起業をして社長になっても、これから何をどうしていかなければならないかについてはまず理解をしていることと思います。そのため、売上さえ順調に確保できれば、前に勤めていた会社の規模まではすんなり自社を成長させられるケースも多いようです。

問題はここからです。多くの場合、そこで頭打ちになります。そこそこの規模で、そこそこの売上、そこそこの利益。社長は「本当はＩＰＯを目指したいんですけどね」とおっしゃるのですが、そこまでの本気度があるかというと、端から見ると現状で満足しているようにも感じます。

この状態を私は、「会社や社長がコンフォートゾーン（安全領域）に入った」と表現しています。リスクを冒すことをしなければ安定的に利益が出て、社員も養える。そして社長が「皆、集まって」と一声かければ、すぐに全員が集まってくれる。社員一人ひとりの顔も名前も悩みも全部わかっている。社長にとっては「とても心地よい」状態にあります。そのため、「起業したときはＩＰＯを目指すと言っていたが、まあこのままでもいいかな。十分自分も頑張ってきたし……」という気持ちが頭をもたげます。

仮に前職が５０００人規模の大企業で、起業をした会社が50人規模になった段階であれば、「利益は多少出ているけど前職に比べたらまだまだだから、早く規模を３００人、５００人体制にして、ＩＰＯもしていずれ前職並みに……」と考える人は多いと思います。しかし、前職が50人規模の中小企業で、起業をした会社も50人規模になったならば、「もう前職並みに会社を大きくしたから、ここから先は無理に拡大路線を目指してリスクを冒さなくても、今のままで十分なのかな……」という発想になるかもしれません。「社長がイメージする以上に会社が大きくなることはない」とよく言われますが、まさにその通りのことが起こります。

日本の中小企業で黒字というのは本当に良い会社が多いのですが、半面、規模がなかなか拡大していかない会社も多いのは、このような事情も理由の一端にあるのではないかと思います。実際にコンフォートゾーンに一定期間留まってしまうと、会社に「安定」を求める社員が続々と入社してきます。反対に、会社に「成長」を求めるベンチャー気質の社員は物足りなさを感じて退職していきます。その結果、コンフォートゾーンに会社がしっかりと根づいてしまい、社長が後から「やはり成長を目指そう」と決断しても、なかなか動き出せなくなります。

成長とは、不安、リスク、痛み、挫折、学びなどを経た先にあるものです。コンフォートゾーンにいながら成長を目指すというのは、少し難しいと思います。心地よいコンフォートゾーンに「さよなら」をして、リスクや痛みを伴うさらなる成長に向けてチャレンジができる社長だけが、その先に行けるのです。

なお経理についてみると、コンフォートゾーンに会社がいる状態というのは、その多くが一人または二人経理＋税理士の体制でぎりぎりまわしている、という状態だと思います。さらなる成長を目指すことを社長が決断した際は、管理職レベルの経理社員を採用して、会社の成長を支えられる盤石な経理部門を構築してください。

技術系出身者は、販売担当部門にも研究開発費同様に予算をとること

技術系の出身者が社長になると、製造やメンテナンスの担当部署を重視しがちで、技術（および製造）に関わる部門には資金を投じ充実させるものの、その他の部門が手薄になる傾向があります。しかし今は「ものが良ければあとは何をしなくても売れる」時代とはいえません。営業や販促といった「売るための部隊」にも資金を投下しないと、どんなに良いものを作っても、買うか買わないかという以前にまず「認識されない」状況に陥る可能性があります。資金の配分が技術部門に偏りすぎないよう、バランスよく配分することも大切なのです。

特に研究開発費は、「技術畑の目線」で良いものを作ろうと思うといくらお金があっても足りなくなってしまいます。「社長の目線」で、研究開発費の予算や実績値の管理をしていただければと思います。

以前、ＩＴ系の会社のサポートをしたときに気づいたのですが、製品が売れている会社は、優秀なエンジニアが揃っているだけでなく、同じくらい営業部隊も強いです。今の時代でも「ドブ板営業」をするような強い営業体制だから売上が立ち、研究開発費が確保でき、優秀なエンジニアを採用・育成でき、良い製品が作れる。このお金のサイクルを頭に入れてほしいのです。エンジニアの報酬も高騰していますが、そこで予算を使い切らずに、販売を担当する部門

にも予算や資金を残しておくことを意識してください。

私の知人で、以前、日本で働いていた外国人のエンジニアが次のようなことを言っていました。「日本の会社は本当にエンジニアにとって良い環境ですよね。なぜなら日本の製品は品質が良いから一度新製品を作ったら5年、10年は全く問題のないクオリティが維持されている。それなのに毎年新製品を出し続ける。これはエンジニアを育成するためですよね。だから本当に日本の職場環境は羨ましいですよ」と。

今の時代はエンジニアの争奪戦で、年俸1000万円でスカウトして入社してもらったら、1年後に2000万円を提示する外国資本の会社に引き抜かれてしまった、という話も聞きます。ですが、そもそも冷静に考えたいのは、2000万円の社員1人を賄うのに逆算していくらの売上が必要かということです。そうしたことも、社長として考える必要があります。

一番大事な社長の仕事は、優秀なエンジニアを採用、育成しつつ、人材を社外に流出させないことです。報酬という点では外国資本の会社のほうが有利かもしれません。しかし新しいこと、自分が興味のあることを常に追い続けることが楽しくてエンジニアを志望している人も多いはずです。もし良い人材が入社しようか悩んでいたら、技術系出身の社長だからこそ、「うちの会社は、年俸は経営のことを考えると現状では上限1000万円ですが、その代わり、興味のあることを自由にやってくれていいですよ。もっとたくさん出してくれる会社に行ってもいいですけど、それだけ払うということは制約も多いはず。それでエンジニアとして楽しいかどうかはわからないですよ」と言えると思います。こうした工夫を重ねることで、人件費を適正な範囲に収めつつ離職率も下げることができるのではないでしょうか。

営業出身者は販管費の感覚を早めに身体にしみ込ませる

起業する人のなかで多いのが「営業出身者」とよく言われます。なぜなら経営の維持には売上が必須だからです。会社員として営業成績がトップだったという人が「これなら自分1人でもできるな」「自分でやったほうがもっと稼げるな」と独立します。

私は、営業出身者には2種類のタイプがあると思います。「あなただから信用して買う」と顧客から言われていた人は、独立しても順調に経営していける人が多いでしょう。しかし、「あなたの会社だから信用して買う」と言われていた人はどうでしょうか。顧客は「会社のブランド力」に基づいて買ってくれていたのであって、独立した後、想定していたより受注ができない可能性もあります。

自分で起業した場合、1年目は会社のブランドも信用力もゼロからのスタートです。「自分自身の力で」ブランドを構築して信用を得ていかなければなりません。その間にも家賃や光熱費、人件費などの固定費はどんどん発生していきます。ブランドを構築中の期間でも、ある程度の売上を上げられないと短期間で資金が枯渇してしまいますから、資金繰りには注意が必要です。

優秀な営業社員はコミュニケーション能力の高さが注目されがちですが、それと同時に計数感覚が経理並みにあることも特徴です。実際に経理よりもまめで細かく、スマートフォンの時代でも、小さい文字でびっしり手帳にメモをとっている人はたくさんいます。会社員時代から「これを売れば粗利がいくらになるか」と数字も見ている「小さな社長」のような働き方をしているので、独立してもスムーズに移行できる人が、営業出身者には多いのだと思います。

ただし、会計帳簿やお金の「管理」になると話は別です。それだけ細やかなはずなのに、営業出身者が起業した会社の経理体制や会計帳簿を見ると、大雑把に管理、処理されていることが多いのです。これはひとえに、経理や総務など「カネを稼がない（と思われている）部署や人」には営業出身者は投資したがらないことが影響しています。

そのような会社の多くは、経理担当を経理初心者や未経験者が務め、税理士のサポートを受けながら業務をしています。そのため、帳簿に細かな間違いがあったり、未回収の売掛金などが放置されていたりするのに社長にその認識がなかった、といったことも散見されます。いくら売上を上げても、それを回収していなければ、タダ働きどころか大損です。起業をするということはもう営業部長ではなく社長ですから、社長の視点で、偏見を持たず、全部署にバランスよく人員配置をしていくことが重要です。

会社経営にとって「人事―営業―経理」の3つは生命線です。「人を雇い、売上を立て、そのお金を管理する」。この3つが盤石でないと、お金は貯まりません。営業がどれほど売上を立てても、お金を抜かれたり、散財されたりしたら、利益は残らないのです。社長である以上は、「全体」のお金の流れを見なければいけませんので、経理にもある程度のお金をかけたほうがいいと、私は思います。

また営業出身の人は、売上や原価、給与までは頭に入っていると思いますが、販管費に関してはどうでしょうか。会社は販管費の詳細な明細までは社員に見せていないことも多いので、営業社員はこれに対する認識が薄い傾向が見られます。独立してから、家賃や社会保険料をはじめとした「営業業務とは馴染みの薄い固定費用」が毎月こんなに出ていくのか、と気づくことが多いのです。販管費は、売上があってもなくても毎月発生するものが多くあります。そのため、経理担当者と連携して、社員を1人採用したら給与以外の販管費がどれくらい毎月増えることになるのかなどを試算してもらい、その数字を頭に叩き込んでおきます。

営業社員時代は粗利までを考えればよかったと思いますが、その感覚では会社はすぐ潰れてしまいます。税金を納付するところまでの金額も頭に入れ、身体にしみ込ませて、黒字にするにはどれだけ売上を立てればいいのかをイメージしていくようにします。

また、近年の特徴として、営業など仕事がハードなイメージの職種への求人応募が少なくなってきており、求人を出してもなかなか反応がないこともあります。その場合、人材紹介会社などを利用すると、目安として採用者の年俸の30%前後を人材紹介手数料として払わなければいけなくなります。年俸400万円の営業社員を5人、人材紹介会社経由で採用したら、400万円×5人×30%＝600万円の人材紹介手数料が発生します。これも販管費として計上されます。

同様に、年俸800万円、1000万円の人材を各1人、人材紹介会社経由で採用したら、それぞれ240万円、300万円の販管費が発生します。会社員時代は、部下が辞めたら「また採用すればいいや」「人事ももっと自分に合う部下を探してくれないと」と思っていたかもしれません。しかし、社長になったら、1人が辞め、そして1人を採用するまでにどれくらいのコストが会社にのしかかるかを考えなければいけない立場になります。販管費のコストがかかりすぎないように、社員の定着率についても社長として考えていくことが大切です。

経理出身者はポジティブ人脈の構築を

「起業がうまくいかなかった」という社長経験者にその原因を伺うと、会計の知識が足りなかったことを挙げる人も一定数います。そうであれば、経理畑の人ももっと独立してもいいのではないかと思うのですが、実際には

売上があるだけでは会社は続かない！

税理士や会計士などの資格をとって士業として独立する人以外はほとんど見かけません。なぜ経理人材が独立に慎重なのかと考えると、「いかに会社経営が簡単にはいかないのか」「利益を出すことの難しさ」「資金が涸渇するかもしれない怖さ」を、日々、経理処理をしている過程で嫌というほど感じているからだと思います。会社の数字というのは知らないと困りますが、知りすぎてしまうとそれはそれで行動を慎重で消極的にさせてしまうことがあります。

経理出身者は、「もし会社にアクシデントが起きたら……」という「ネガティブ要素」はほぼ身体にしみついているはずです。あとはどれだけポジティブ思考で踏み出せるかにかかっています。また、会社員の経理業務は内勤中心ですので、「売上につながる人脈作り」が会社員時代にはほぼできない環境です。その点がハンディであり課題になると思います。職種柄、「やってみなければわからないよ」「なんとかなるよ」という「ポジティブ人脈」「ポジティブ発想」が涸渇しているので、営業出身者などポジティブ発想、ポジティブ職種の人とタッグを組んで、それぞれ得意な分野の業務を分担し起業するのも一案だと思います。

制作系出身者は、質と同じくらい納期の精度を上げることに注力を

WEB系の制作などいわゆる「クリエイティブ系」と言われる仕事は、社員の労務費が原価の多くを占めがちです。受注先から値引き交渉をされると相手と揉めたくなくてつい妥協して

しまうことがありますが、それが続くと、社員の時給単価はどんどん下がっていきます。

　部品や原材料を仕入れて製品を作るようなビジネスは、仕入原価の価格が明確なので「これ以上値引きを要求されたら、仕入原価のほうが売価を上回って赤字になるので、それはできません」とはっきり理由を告げて断れます。しかし、社員の給与が原価の場合、「ここで揉めて次の仕事がなくなっても困るし、今回は言う通りにしておくか」と妥協しがちになるのです。

　そのため、社員のレベルに応じた見積書用の稼働単価、稼働時間などをあらかじめ社内で設定しておき、見積もりの段階から細かく計算根拠として相手に提示するのもひとつの方法です。そして「作業時間超過分は別途ご請求になります」などと諸条件を「最初」に提示しておくことも重要です。スタッフの価値をいかに上げていくか、いかに下げないかを考えるのが社長の仕事になります。

　また、社内で起こるリスクとしては、納期の遅れによる資金繰りの悪化に注意が必要です。正社員や外注社員への報酬の支払いについては、当月分の仕事の対価は遅くとも翌月末までには支払うケースが多いでしょう。そしてそれは受注先への納期と関係なく規則正しく発生します。そのため、受注先への成果物の納期が予定より遅れれば遅れるほど、単純に資金繰りが悪化します。反対に、納期が早まれば資金繰りは好転します。納期管理がとても重要ということです。

　会社員時代の制作部長としての立場であれば、「会社全体の資金繰りよりも、納期を数日遅らせてでも質の良いものを提供したい」となると思いますが、社長になると資金繰りと質の両方にこだわらなければいけないのです。社員のタイムマネジメントに注力し、納期が予定通り進捗する体制を作ることが資金繰りの安定へとつながります。

また、総額が大きな受注案件は、完全納品後に全額請求する形ではなく、毎月分割で請求できる契約にする、前金でいくらかもらえるようにする、などのように「最初に」交渉しておいたほうが資金繰りは安定します。このようなお金の取り決めは、途中から言い出しても変えられないことが多いので、お金のやりとりは何事も「最初に」決めておくべきです。

現場担当者同士のやりとりだと、「こういう案件があるんですけどやりませんか?」「いいですね！　ぜひ！」とノリですぐ作業に取りかかってしまうことも多いと思います。しかし、言い出しにくくても、「あと、お金の請求のタイミングなのですが」とお金の諸条件について最初に話し合うことが会社経営をするうえでは重要です。お金の条件が確定したら作業に入る、という習慣づけを徹底することをお勧めします。また、お金の取り決めについては、契約書レベルでなくても、議事録やメールのやりとりなど、必ず証跡が残るものにしておくと「言った、言わない」にならずに済みます。

自分の価値観に固執せず、いろいろな人の「良いところ」を拝借して経営に活かす

経営は「全体」を見なければいけない仕事です。ただ、製造、販売から人事、経理まで企業

活動に必要なすべてのジャンルを得意分野並みのレベルまで網羅してから起業しようと思ったら、そうなる前に人生が終わってしまいそうです。

例えば営業が得意な人が起業を目指すのであれば、早めに営業以外が得意な人を見つけたり誘ったりして、自分のサポートをしてもらえる体制作りをします。そうやって、成長と安定を両立できる組織作りを目指すのもひとつの方法です。

これまでお話ししてきたように、経営には、資金繰りや経営計画などお金に関することも欠かせない知識です。そこはやはり経理出身者が一番ですから、できるだけ早い段階でそのような人材を獲得し経理部門を構築していただいたほうが、よりお金が手元に残りやすくなります。

第12章

「プロ経理」がお勧めする、前任者から引き継いで社長になった際の確認ポイント

前任者から引き継いで社長になる場合は、経理状況のチェックは不可欠

起業ではなく既存の会社の社長に就任した人は、就任直後から、日々、会社全体の動きを見ながら、「今月は売上がこれくらいで、利益はこれくらいかな」という目安を立て、その答え合わせとして月次決算資料などを見て経営判断をしていくことになります。

その際にまず絶対条件となるのが、月次決算資料などが「遅滞なく経理から提出され、その数値が正しいこと」です。1カ月近く経ってから月次決算資料ができあがるようでは、もう次の月末まで残り数日の状況です。そこから指示を出して行動に移してもらっても、その月の数

字にはほぼ反映されません。ましてや数字が間違っている資料では、正しい経営判断などできません。

あるいは、前任の社長時代に、不正な取引などがあったり、経理（会計）上の問題が隠されていたりしたかもしれず、自分の代になって問題が発覚することもあります。

そのため、社長に就任したらまず、経理部門がきちんと機能しているか、遅滞なく正しい月次決算資料を作成できる体制になっているかの確認が欠かせません。以下では、経理の体制をスムーズにチェックしていく方法を紹介していきます。

経理部門の最低2人以上に「前社長時代に独特な経理処理の指示やルールがなかったか」をヒアリングする

まずは別の会社から社長に就任する人、あるいは別のグループ会社からスライドして社長に就任する人に特に確認していただきたいポイントです。それは、「その会社特有の経理関連のルールの有無」です。

例えば前社長時代に、公私どちらかわかりにくいグレーゾーンの経費などは、すべて経費として処理するように指示されていた、という「やさしすぎるルール」があるかもしれません。

また反対に、「営業訪問時の営業先への差し入れは、してもしなくても自由なので、その費用は原則営業社員の自腹」など、本来会社で負担すべき費用を社員個人に負担させている「厳しすぎるルール」があるかもしれません。

経費の扱いは一律に決められていると思いがちですが、社長の個性（考え方）次第で費用処理などのルールにも差が出るのが会社です。本来黒字のはずなのにやさしすぎる費用ルールで赤字になっていた、反対に本来赤字なのに厳しすぎる費用ルールで黒字になっていた、ということも起こり得るということです。

客観性を保つために、経理社員2人以上から、前社長時代に特有のルールなどがなかったか、また気づいた点があったかなどをヒアリングし、もし好ましくないルールがあれば是正します。

税理士や会計士に、前社長時代に経理体制や経理処理の課題がなかったかをヒアリングする

経理部門の体制に課題がないかどうかは、客観性という観点から、契約先の税理士や会計士の話も聞いておく必要があります。「インボイス制度や電子帳簿保存法への対応もあるので、人員補充やデジタル化を促進してもっと経理部門を増強したほうがいい」「会計監査や決算手続きの際に、前回このような課題が出た」などの情報を得ておくことで、経理部門の現状やレベルを客観的に把握できます。

会社によっては、赤字を避けるために減価償却費の計上（固定資産の取得費用を使用可能期

間にわたって分割して費用計上する処理）を任意で見送っていることもあります。また、在庫など資産の価値が陳腐化していることがわかっていても、同様の理由で損失処理を見送っているかもしれません。

こうした、「通常であれば費用計上、損失処理されるべきものが任意で見送られている項目」や、「将来的に損失計上する可能性のある項目」の有無を尋ね、事前にリスク管理をしておくことも重要です。

経理社員、税理士・会計士のそれぞれから情報を収集し、全員の発言が一致していれば客観性のある情報と判断できます。

発注は相見積もりしているか、なぜその発注先を選んでいるかを確認する

社長に就任すれば会社全体の数字を見ることになりますので、それまでは知らなかった支払先や支払内容なども多く目にすることになると思います。なかには「この費用はいったい何のために使われているのだろう」と疑問に思われるものが出てくるかもしれません。

例えば、前社長が個人的に知り合いのコンサルタントに仕事を依頼していて、それが今も継続されている、ということがあるかもしれません。そのコンサルタントが適任で現社長にも必要であればいいのですが、稼働している実態が見えない、稼働はしているけれど費用が高すぎ

るなどの問題があれば、契約そのものを見直す作業も必要になってきます。

仕事の発注をする際は、一般的に2社以上に見積もりを依頼する（相見積もりをとる）ことが基本です。それにより、提示された金額が適正かどうかを客観的に判断することができます。1社だけの見積もりでは、相場を大きく超える金額を提示されても気づかず、そのまま発注してしまうことが起こるわけです。また、キックバックのような不正も起こりやすくなります。

社長自身が、「この費用は何の費用？」「なぜこの会社（人）に発注しているの？」「相見積りはとってあるよね？」など、不明な点はどんどん発注担当者に質問していくことです。社長が直接質問をすることで、「社長が見ている」という牽制になり、不正の発生を抑えることにもつながります。

売上上位の受注先の与信管理を定期的に行う

特定の受注先に大きな売上を依存している場合、その会社に万が一（倒産や不祥事などによる経営危機など）の事態が起こると、自社には何の落ち度がなくても、その受注先の都合で発注がまるごとなくなったり激減したりして、大きな影響を受けます。上場企業であれば内部統制上、新規取引の会社に対しては必ず与信調査を行っていると思いますが、未上場企業も、同様に与信管理を行うことをお勧めします。

よくあるのが、初回取引の際には調査会社に依頼して与信調査をしたけれど、その後何年もしていない、というケースです。会社の状況も会社を取り巻く環境も日々変わっていきます。期間を決めて、既存取引先においても定期的に与信管理の更新を行うようにします。

在庫の管理状況を確認する

「在庫管理の状態を見れば、その会社の本来の姿が見える」とよく言われます。エントランスや社長室はきれいでも、倉庫を覗いたらグチャグチャで足の踏み場もないくらいモノで溢れかえり、とても在庫を実際にカウントしているように見えない、という会社もあるかもしれません。

今の時代はクラウドサービスでも有用な在庫管理ソフトが入手可能ですから、そうしたソフトウェアを活用して在庫管理のデジタル化を進めるのもひとつの方法です。在庫管理に不備があると、あるはずの在庫が紛失していたり、単純なカウントミスなどにより、在庫管理表に記載された在庫数と実際の数が合っていないということが起こります。デジタル化によって単純計算などのミスはなくなり担当者の負担軽減になりますし、アナログ管理と違って管理データをいつでも誰でも閲覧できるようになります。在庫の持ち出しといった不正に対する牽制にも有効です。

上場企業であれば、本来、会計監査により在庫管理の内部統制チェックは網羅的に実施されているはずです。しかし、会社の規模が大きくなると、限られた監査の時間内にすべての細かい部分までチェックすることは現実的には難しいです。そのため、社長が気になる部署、店舗、倉庫などがあれば、経理担当や在庫担当などを連れて直接チェックし、不備があったら担当者に指示を出して是正、整備していきましょう。

滞留債権の発生状況、管理体制を確認する

売掛金などが入金予定日を過ぎても入金されないものを「滞留債権《たいりゅう》」と言います。

私の会社員時代は、入金予定日から2カ月を超えた案件をリストアップし、現場担当者に連絡して先方へ確認してもらったり、自ら直接先方に交渉に行ったりしていました。しかし今はビジネスのサイクルも速いので、そこまで待たずに、入金予定日を過ぎても入金がないものはすぐ先方に連絡を入れたほうがいいと思います。社員が交渉をしてもらちがあかないようでしたら、社長が直接先方の社長と交渉をしてください。

会社内で滞留債権に関する管理方法が決まっていないという場合には、例えば次のように管理マニュアルを作ることをお勧めします。

〈滞留債権管理マニュアル例〉

①経理担当者は翌月初めに前月分の入金チェックをし、滞留債権に該当するものは、滞留債権リストに記入する（リストの項目は、請求書発行日付、入金予定日、受注先名、案

件内容、金額、社内担当者、備考欄など）
②経理担当者はリストに記した各社内担当者に連絡し、先方に確認をとってもらい、その結果を経理担当者に報告してもらう
③経理担当者は報告された内容を備考欄に記入する（滞留債権リストの完成）
④経理担当者は滞留債権リストを月次決算資料とともに社長に提出する

滞留債権が発生する理由はさまざまですが、主な理由としては以下のようものが挙げられます。

①自社の担当者が相手先に売上請求書を発送し忘れていた、あるいは遅れて発送したため、その分入金サイトも遅れることを経理や上司、社長などに報告していなかった
②相手先の担当者が請求書を経理に回覧し忘れていた
③相手先の経営不振で支払いが遅延している

自社の経理担当者が直接相手先の経理担当者に連絡を入れて滞留債権について確認するのが一番早いようにも思えますが、①や②のケースも少なくありません。そのため、いったんは「経理担当者から各社内担当者に連絡」⇒「各社内担当者から先方の担当者に確認」という順で進めたほうが安全だと思います。それで進展がないようでしたら、経理担当者や社長が直接先方と交渉する形をとるとよいでしょう。

私も会社員時代はこのリストを作成して管理をしていましたが、リストを作ってみてひとつ

わかったことがあります。それは、滞留債権は特定の社内担当者に集中することが多いということです。

そもそも事務処理が極端に苦手、あるいはリスクの高い会社だから受注をとってきやすいなど、「現場では評価が高いけれど、経理的視点から見たらかなり心配」な社内担当者をあぶり出してしまうのが滞留債権リストです。滞留債権が10件あり、そのうち4件が同じ担当者だったとしたら、現場では特に問題がない人でも経理的な視点から見れば何かがある人だと断定できます。この点は非常に重要です。社長としてもこうした点を軽視することなくチェックし、対応・指導していくようにしてください。

過去の不正発生案件を確認する

通常、会社で発生した社員の不正に関する情報は、総務・人事部門が管理していることと思います。社長に就任したら、そのなかから金銭が関わる不正案件をピックアップし、経理部長も含む関係者になぜそのようなことが起きたのかの事情を聞き、二度と起こらないようにするために今現在どのような体制を敷いているのかを確認してください。

不正は不幸な出来事ですが、その会社の組織上・管理体制上の脆弱な部分を洗い出してくれるものでもあります。職場で起こる不正は、その職場内の管理不備な部分を突いて行われるものだからです。不正が起きた場合は、その環境周辺のチェック体制を強化したり、ルールを作ったりするなどして、以降の不正防止やモラルの向上を図ってください。

私も外部講師として呼んでいただくことが増えましたが、モラルのある会社ほど、不正防止の研修を定期的に行っています。特にモラルの高い会社は、社内で総務や経理部門などのメンバーが講師となって社内研修を行いつつ、私のような外部講師も別途招いての研修も行っています。社内だけでなく、社外の力を借りて職場環境をよくするのもひとつの方法です。

客観性のある経理資料を活用して後任の人材を育成する

若い頃の私は、「カリスマ社長」と呼ばれる人が優秀な社長だと思っていました。しかし、経営改善の仕事に関わるようになってから考えが変わりました。優秀な社長というのは、社長在任時に会社を成長させ黒字経営を続けることは当然で、その間に退任後も黒字経営が続いていくように後任の人材を育て、会社の事業を育てている社長だと思うようになりました。

その体制作りのために有用なツールが、決算書をはじめとした経理関連などの「数字の資料」です。もし社長が数字の資料を参考にせず、勘と経験だけで意思決定を繰り返してしまうと、社長本人は感覚的にわかっていても、周囲の人には「なぜ今この状況で社長がそのような意思決定をしたのか」がわかりません。すると後任も育ちませんし、「社長は特別に才能がある人だから自分が後を継ぐのは無理」となってしまいます。

失敗しない社長は、「新規事業をやろう」「あの会社を買収しよう」「この事業は撤退しよう」

などの意思決定をする前に、最終確認として会社の現状の数字も見ているはずです。数字の良い点は、誰が「1億円」を見ても「1億円」だと共通認識ができる客観性です。数字の資料を確認したうえで社長が意思決定をしている様子を日頃から周囲にも見せたり、なぜこの数字で最終意思決定を下したのかなどを幹部に説明したりする習慣をつけておくことで、社長が勇退した後でも、「前社長は確かこのような数字のときはこう意思決定をされていた」と、意思決定方法のコツを引き継げることと思います。

第13章

「プロ経理」がお勧めする、同族企業の事業継承時にスムーズに代替わりするコツ

どんなに無駄に見える作業でも1周（1カ月、1年など）は必ず既存のやり方をチェックしたほうがよい

事業継承時にしてしまいがちなことのひとつとして、先代の社長のやり方を全否定し、自分の代になった途端に刷新してしまうことがあります。

私の場合、外注で企業からの依頼を受け業務フローの改善などをお手伝いするときは、必ずその時点で行われている作業フローを最低1カ月はそのまま引き継いで作業をします。そのうえで、自分が良いと思う案を提案して変えていきます。

なぜそうするかというと、いきなり自分の案で業務フローをまわしてしまうと、その会社特

有のイレギュラーな処理や案件を見落としてしまう可能性があるからです。既存のやり方で前任者から引き継いで1カ月もやれば、自分が想定していなかった処理、事前に聞いていなかった特殊な処理なども、必ず把握することができます。

自分が「すべて知っている」と臨んでも、実際にやってみると、知らないこと、事前には気づけなかったことがあるのが現実世界です。だから私はいつも、過信しないことを心掛けています。そのため、一見とても非効率なやり方をしていると思っても、そこには必ず理由があると仮定して、前任者のやり方の通りに1回目は行い、そこで詳細を把握し、それから改善を提案していきます。

親子などの親族同士の事業継承は、必ずしも良好な形で引き継がれるとは限りません。ときには、親族同士でない継承の場合よりも格段に強く前任の社長のやり方を否定し、前任者の色を残さないようにしてしまいがちです。

しかしそのようにやってしまうと、前述したような業務の「抜け」が発生します。社員のなかには「現社長が急に体制を変えたから抜けが起こった」と非協力的になり、「先代のほうが良かった」「先代のやり方のほうが安全だし正しかった」と言う人たちが出てきて、職場内に不協和音が広がっていくことになります。

特に数字が関わる業務は、ミスがあると社内だけでは済まされず、顧客や取引先にも影響を及ぼします。ですから、社長の就任後最低1カ月、事業内容等によっては1年は、前社長のやり方をまずは「体感」することをお勧めします。そして、自分で着地見込みの数字を予想し、経理が集計した実際の数字と突き合わせをして、齟齬を感じたらその原因を探る、という作業を繰り返して、会社の数字を身体に徹底して叩き込んでください。自分の予想と結果が一致するようになった段階で、ご自身の希望するやり方に組織や業務を改善していくと、「抜け」は生じないと思います。

なお、円満な事業継承のケースで早くから後任として社長になることが決まっているようでしたら、就任する1年前から、新社長としてのやり方を提案しながらそれまでのやり方と並行して試してみて、問題がなければ新社長就任と同時に新しい体制でスタートする方法もあります。

アナログ作業はどうしても残る

歴史のある会社を訪問すると、アナログな業務フローがまだまだ見受けられます。これは仕方のない側面もあります。社内体制の変化・刷新は、①不正や不祥事があった場合、②新規事業を行う場合――などに多く行われ、また、③社員の入退社が激しい場合（離職率が高いという意味ではありません）などに外部から新しい文化や習慣が入ってきたことで行われるものです。

ということは、不祥事や新規事業がほとんどなく、また外部からの人の出入りも少ないような場合には、既存の体制でも十分機能している限り社内体制は変わらず、はるか昔に策定したアナログの業務フローが陳腐化することなく生き続けます。

歴史のある会社は、既存の事業だけで経営が安定しているところも多く、社員の顔ぶれもあまり変わらないので、古くからのアナログ作業が多く残っているのです。経営改善を手掛けるコンサルタントのなかには、アナログ体制の会社を見て「ダメですねえ」と言う人もいるかもしれませんが、私はいい意味で「よほど今まで問題なく経営してこられたんですね」と言います。

ただし今の時代は、手書きより表計算ソフトやクラウドサービスなどによりデジタル管理をしたほうが効率が良いものが圧倒的に多いのは、言うまでもないことです。そのため私の場合は、手書きのアナログ作業が会社に残っていたら、一度自分でそのままの作業をしてみて、その後表計算ソフトで同じようにやってみたり、その作業に適したクラウドサービスのソフトウエアを探してきたりします。そして、「こうして表計算ソフトやソフトウエアを使ったほうが、手も疲れませんし、作業時間も短くなります。何より人為的ミスがなくなり正確なので、こちらのやり方で一度やってみませんか」と改善を促していきます。

こうして改善を進めながら、もし社長が「非効率だな」と思った作業プロセスがあれば、「なぜ今までこのようにやっていたの?」と担当者に尋ねるようにします。「前任者の時代からこうだったので」「このやり方を考えた人はもう退職してしまったので自分にはわかりません」などという答えが返ってきたら、その非効率なやり方に意味はないと判断して改善してしまっても構いません。

一方で、「実はA社とB社だけ、特別にお願いをされている経理処理があり、それが手作業でないと対応できないのです」というようなことがあるかもしれません。その場合は、その部分だけはいったんアナログ処理で対応をしてもらい、それ以外はデジタル化します。そのうえでA社とB社に関しては、取引条件そのものを他社と同一にしてもらい、デジタルで処理できるように担当者同士、もしくは社長同士で交渉できれば、さらに効率化することも可能です。

「非効率なことをしている＝駄目だなあ」とは思わず、「非効率なことをしている＝よほど会社が順調だった、または何か理由があるはず」と思うようにすると、適正で抜けのない効果的な業務改善ができます。

ＩＴ導入の際は「リストラ目的でない」ことを先に明言する

親から子への継承などでは、それまでの体制をデジタルなものに移行するケースが多く発生すると思います。その際に、猛烈に反対するベテラン社員が出てくることがあります。それには理由があるのですが、その理由がわからないと、新社長は「自分が年下（の社長）だからと思って馬鹿にして……」「ベテラン社員は何でも反対するからいやだ」「彼らは前社長派ってことか」などと思い込んでしまい、関係性が悪化してしまうことがあります。

実際、私もそのような場面に立ち会ったことがあるのでわかるのですが、反対する理由は、社長が想像するものとは全く違います。そこには「デジタル化をした途端に自分はクビになるかもしれない」「デジタル化についていけず、自分の居場所がなくなってしまうかもしれない」という不安、それだけがあるのです。

誰でも、今までやってきたことが大きく変わる場合、それまでのやり方に業務が紐づいていた社員は不安になるものです。特に、アナログからデジタルへの転換や、複雑な業務フローをシンプルに改善する際はなおさらでしょう。「自分が担当している業務を改善されたら、行き場を失ってしまう。自分で自分の墓を掘るやつがどこにいるのか」と思うのが人間というものです。

そこで私がいつもお勧めしているのは、「今回の業務改善やデジタル化は人のリストラを伴うものでも、それを目的とするものでもありません」と、先に宣言することです。それによって社員の不安は軽減され、反対する人も減るはずです。

ベテラン社員を敵にまわさない！

あなたには、
もっとやってほしいことが
あるんですよ
ナルホド！
そうだったのか……

アナログにこだわる社員には、新しい仕事を先に付与して、既存の作業をデジタル化する

ただ「皆さんをリストラしません」と宣言されても、新しいソフトウェアや業務フローに自分が対応できるか、ミスをせずに作業ができるかが心配で、「これまでの（アナログな）やり方がいい」と、頑として譲らない社員もいるかもしれません。

そのようなときは、思い切って、今の業務はそのまま担当してもらいながら新しい仕事を割り振ります。すると当然、就業時間内に業務が収まりませんから、「新しい仕事などやる時間がありません」と言われるでしょう。そこで「今担当している業務をデジタル化すれば時間ができますから、そうすればこの新しい仕事もできます。だから今抱えている業務はデジタル化してしまいましょう。あなただからお願いしているのです。これからも頼りにしています」と伝えれば、本人も「自分はこれからも必要とされている前提でのデジタル化や業務改善なのだ」と安心、納得すると思います。ただし、「仕事を増やして辞めさせる気か?」などと思い違いをされることもあるので、新しくお願いする仕事の重要性もきちんと理解してもらうことが必要です。

もしそれでもテコでも動かない場合は、何か動いたらまずいことがある（不正などが発覚する）という可能性も考えたほうがいいかもしれません。その際は一度、顧問税理士に相談をし

たうえで、本人も交えた三者面談などをしながら、理由をはっきりさせていくとよいと思います。

経理などのバックヤード部門との関係性ができていれば、どのような局面でも乗り切れる

繰り返しになりますが、同族企業の場合、代替わりの形で新社長が就任すると、前社長に忠誠を誓ってきたベテラン社員たちと新社長との関係性をいかに円滑にするかがカギになってきます。新社長より年下の社員や社歴の浅い社員は、基本的には新社長の方針に従う人がほとんどでしょうから、まずは若い社員たちの信任を確実に得て、その後、焦らず、時間をかけて、ベテラン社員たちとの関係性を作っていくことです。

特にベテラン社員のなかには、「社長が交代することで自分の立場が悪くなるのではないか」「業務改善の一環としてベテラン社員に不利になるような施策が行われるのではないか」など、期待よりも不安を抱えている人は少なくありません。そんななかで新社長が焦って、早く自分の体制を確立しようと強権的・高圧的に接してしまうのは逆効果であることは言うまでもありません。「不安」が「不満」に変わり、新社長の施策にさまざまな形で反対・抵抗するようになります。「新社長は本当に数字のことをわかっているのですか」などと、会計上の難しい質問をわざと全員のいる前でしてくるかもしれません。

そんなとき、その質問に即答できなくても、例えば経理部長との関係性がしっかり築けていれば、経理部長を指名し、滞りなく答えてもらえばそれで済むことです。社長はどんな局面でも堂々としていなければなりません。そのためには就任時から、経理部門をはじめバックヤードのメンバーと友好的な関係を築いておくことが大切です。

社長が新しい施策案を考えた際に、いったん経理などのバックヤード部門に案を見せて、「現場がどう思うだろうか」など客観的な意見をヒアリングするのも有効だと思います。そうやって彼らを味方につけながら、内容を調整して最終確定したものを社内に発表、実施するようにすれば、スムーズに新社長の理想とする体制に移行することができると思います。

第14章

「プロ経理」がお勧めする、資金調達をしたベンチャー企業、スタートアップ企業が失速しないコツ

理想のCFO人材とは

最近、起業においては、「ベンチャー企業」に加えて「スタートアップ企業」という言い方も一般的になりつつあります。この2つは人によって定義が若干異なっているようです。

「ベンチャー企業とは既存のビジネスで起業をするもの」「スタートアップ企業はこれまでにないビジネスモデルで起業をするもの」と定義されている人もいれば、「ベンチャー企業よりもさらに短期間で成長し、IPOやM&Aなど明確な出口戦略がある企業をスタートアップ企業と呼ぶ」と定義する人もいます。ともかく、ベンチャーにしろスタートアップにしろ、「CEO（最高経営責任者）―CFO（最高財務責任者）」という体制で臨んでいる会社が多いと思いま

す。

ここで私のような「プロ経理」の視点から見て社長にひとつ気をつけていただきたいのが、CFOに就任する人のキャリアです。というのも、CFOに経理実務の経験があるかないかで管理部門の体制作りは大きく変わることを、CEOが認識していないケースを非常に多く見かけるからです。ですからこの章の冒頭で、この点について触れておきたいと思います。

CFOになる人のキャリアは大きく以下の3つに分かれます。

①経理社員⇓経理部長⇓CFO
②税理士・会計士出身⇓CFO
③金融・コンサルタント系出身⇓CFO

①は、経理の実務作業は問題なく対応でき、社内のコミュニケーションなども経験済みです。経験を積みながら役員レベルの視座やリーダーシップ、投資家など社外の人たちとのコミュニケーション力をつけていくことで、CFOの役割を果たしていけると思います。

②は、経理の実務作業は問題なく対応できるのはもちろんのこと、専門性に関する高度な知見もあり、指示を待つことなく自ら動くことができる人が多いでしょう。会社組織の「外側」からのアドバイスやサポートの経験は十分にありますが、会社組織の「中」での経験がない、あるいは少ない人が多いので、社内のマネジメントに慣れていくにしたがってCFOの役割を果たしていくことができると思います。

③は、経理実務の経験がある人とない人とにはっきり分かれます。そのため、就任前に経理

の実務経験の有無を確認します。もし実務経験がない場合は、別途、経理の実務作業ができる「経理部長レベル」の人材を採用する必要があります。そして、CFOが資金調達などの対外折衝の実務、経理部長が社内の月次決算資料の作成などの実務、という役割分担をして業務にあたることになります。気をつけておきたいのは、CFOと経理部長との相性です。

①や②のケースにおいても、入社当初は「CFO兼経理部長」として働いてもらうことが多いでしょうが、IPOの準備などスケジュールの見通しが立った段階で早々に経理の実務担当者を追加で採用して引き継ぎを行い、CFOの実務作業の負担を軽減していく必要があります。

投資家は、社長に「目標達成のためにお金を使うこと」を期待している

ベンチャー企業、スタートアップ企業の社長のなかには、いい意味で真面目すぎる人も多く、何事も1円でも節約して、お金を大切に使おうとします。しかし、プライベートの日常生活においてそれはとても大事なことですが、会社でのお金の使い方は、会社が求められている局面によって柔軟に調整をしたほうがいいのです。

例えば東京都内でも、タクシーなら10分ほどで行けるところを、電車やバスを使うと乗り継ぎが悪く30分近くかかってしまうような場所は少なくありません。交通費は経費ですから、通

常は「移動はタクシーは避けて、なるべく電車やバスを使い、会社の駐輪場にある共用の自転車なども活用して節約してください」が正解です。

しかし、ベンチャー企業、スタートアップ企業で、しかも投資家やベンチャーキャピタルなど外部から資金調達をしている場合、資金の供給側から求められているのは「結果を出すこと。それも早期に」です。そのためこの局面では、「お金を節約すること」以上に、「求められている売上や利益の目標を達成するために効果的にお金を使うこと」が大切になります。以下のような場合を考えてみてください。

Ａ社長はタクシーを使って１日移動することで数多くの営業先をまわることができ、結果としてタクシー代は計２万円かかったけれど、３社から３００万円受注できました。別

必要なお金、有効なお金はケチらない

の会社のB社長は1日中電車やバスを乗り継いでへとへとになりながら営業先をまわり、1社から100万円受注できました。このとき、投資家やベンチャーキャピタルは、どちらの働き方を社長に求めているかということです。

答えは、もちろんA社長です。社長の体力も温存できて、効率よく受注ができるなら、タクシーで移動してどんどん受注し、売上や利益を上げて予算計画を達成してください、そのために私たちは投資をして結果が出ることを期待しています、ということです。

ベンチャー企業やスタートアップ企業の場合、社長個人のキャリア、アイデア、力量に期待をして投資家はお金を出していることも多いのです。そこでは、「社長が元気に、気分良く仕事をし、予算計画以上に売上・利益を達成するために必要な経費だったらちゃんと使ってください」という意図でお金を投資しています。「今、自分はどのようなお金の使い方を求められているのか」を資金調達のフェーズ（段階）の都度、考えて判断していくことです。

勤怠の悪い社員を社長が指導できないと、資金ショートの原因となる

ベンチャー企業、スタートアップ企業でうまくいくかどうかを分ける要素のひとつに「社員の勤怠」があります。

勤怠状況の良い会社は、各社員が自発的に5分前行動など何事も早めに動きますので、納期

なども予定より早めることができます。売上は計画通り達成でき、資金繰りも安定します。しかし一部でも勤怠状況が悪い社員のいる会社は、それがチーム作業など他者の業務まで遅らせることにつながるため、半日遅れ、1日遅れ、とすべてが後ろ倒しになっていき、当然、納期も遅れます。これが積み重なり習慣化されてしまうと、結果として売上計画の未達や資金繰り悪化に至ります。

投資家やベンチャーキャピタルは通常、月次決算報告の資料などを見て、次の（追加の）投資をするかどうかの判断をします。計画通り売上や利益を達成していたら引き続き投資の検討に入りますが、計画が未達の場合は投資をいったん保留したり、今後は投資をしないという判断になったりします。

「勤怠と売上・利益」は一見すると無関係に映るかもしれませんが、大きな関係があります。「人間の行動」が売上や利益のすべてを作っているからです。考えてみれば当たり前のことですが、そこに早く気づいて、社長が社員の勤怠をきちんと指導できるかが、ベンチャー企業、スタートアップ企業の成功のカギのひとつになります。

ここにも経験上のコツがあります。社員全員の勤怠管理を厳しくする必要はありません。「勤怠の悪い人を0人にする」というマネジメントを心掛けることです。

タイムリーな月次決算の報告こそが社長から投資家への「誠意」である

ベンチャー企業やスタートアップ企業は、その多くが、売上や利益を容易に計画通り達成できるものではありません。そのため、資金が足りなくなると追加の出資を投資家たちにお願いすることになります。

そのとき、月次決算もタイムリーにまとめられていない管理体制では、個人投資家ならそれでも投資する人はいるかもしれませんが、投資会社の場合は応じてもらうことは難しいと思います。「何とかしてあげよう」と投資会社の担当者が社内の稟議にかけても、上司が「月次決算の作成や報告もままならない管理体制の会社では、仮に投資をしてもどのように使われているか客観的な確認ができない」と指摘され、投資は見送りとなるでしょう。

そもそも、投資していただいたお金を使ってビジネスをしているわけですから、お金を出してくれた人たちに、「投資していただいたお金のうち、何にいくら使って、その結果これだけ売上や利益（または損失）がありました」という報告をタイムリーにするのは当たり前のことです。それがベンチャー企業、スタートアップ企業が投資家に提供できる最低限の「誠意」です。

常に、丁寧に数字の報告を継続していれば、経営に関する適切なアドバイスを受けることもできるでしょうし、売上につながる顧客を紹介してもらえるかもしれません。普段は何の報告もせずに、お金がなくなりそうになって慌てて資料を揃えて「助けてください」と言っても、「それでは虫がよすぎる」というものです。投資家から資金を調達して経営している会社は、タイムリーな月次決算の報告ができるレベルの経理人材を社内に揃えておかなければなりません。

「自力で稼いで資金を貯める」プロセスを省略して資金調達ができてしまった際のリスク

自分の貯金だけ、あるいは個人で借入をして起業をした社長は、会社の規模がまだ「小さな」段階で、お金の使い方を間違えたり、人に騙されたり、さまざま失敗をして教訓を得ます。それらの経験を経て、会社を潰さない資金繰り方法を考えるようになります。そしてそれを実践しながら少しずつ資金を貯め、会社を大きくし、社長としても成長していきます。

その一方で、起業後すぐに高額の資金調達ができてしまった社長の場合は、結果として、会社の規模がすでに「大きく」なった段階で、お金の使い方を間違えたり、人に騙されたり、といった失敗を経験することになります。それだけお金の失敗によるダメージもスケールも大きくなるリスクがあるという点を、心に留めておく必要があります。

特に、資金調達により高額な現預金が手元にある会社は、管理体制が脆弱だったり、社長のお金の管理に対する認識が甘かったりすると、その隙を突いてさまざまな手口でお金を会社から抜かれてしまうことがあります。また、悪い人たちが寄ってきて「良い案件がある」「悪いようにはしない」と詐欺的なビジネスを持ち込まれ、それに大金を注ぎ込んでしまう、ということも起こり得ます。

「資金調達をした」という情報を自ら発信する会社も多いですが、言い換えれば「皆さん！ここに大金がありますよ！」とアナウンスをしているという自覚を持つべきです。インターネット上で資金調達のニュースや、社長のインタビュー記事などをいくつか読んで、「この会社や社長からなら盗れるな、騙せるな」と、悪い人たちが良い人のふりをして求人に応募してきたりするかもしれません。業務提携を提案してきたり、さまざまな形で接触をしてきたりするかもしれません。そういうことを想定した危機管理の自覚も社長には必要です。

資金調達でお金を貯めるプロセスは短縮できても、社長の経験知というのは省略できません。インタビュー記事ひとつ、コメントひとつにも、そうしたリスクを念頭に、金銭感覚、計数感覚に隙がないようなアウトプットをすることも意識しておきたいものです。

資金調達に関しては、周囲から「資金調達額＝社長の実力」と、持ち上げられる機会も多いと思います。しかしそこで油断せず、「あの会社や社長からは盗るのは難しい」と思われるような情報発信を意識しましょう。そうすることで、清廉性のある人材や取引先が社長のもとに集まってくることと思います。

第15章

経理の観点から 快適かつ利益率の高い組織を作る

売上や利益を無視・軽視した組織や人事制度の改革は危険である

社長に就任すれば誰でも、組織や人事制度の改革などに取り組むことになると思います。しかし進め方を間違うと、改革や刷新の結果、稼ぎ頭だったエース級の社員が次々と離職して売上や利益が下がるなど、むしろ改悪につながる場合もあります。その原因は、売上や利益を無視、軽視した改革にあります。どういうことでしょうか。

会社は社員に対価を払っている以上、その原資となるお金を常に捻出し続ける必要があります。そのため、まず「売上や利益が出ること」を前提とした、組織改善案、人事制度案を考えなければいけません。しかしそれがなされないまま、「高額な費用を払ってコンサルタントの言われるままにしていたら、むしろ離職者が増えてしまった」「クラウドサービスのコミュニケーションツールを導入したら、逆に社員の負担が増して離職や休職する人が増えた」というケースも聞きます。

お金をかけて組織改革をしたのに、逆に売上や利益が減ってしまい、社員も不快な環境になったのでは、最初から何もしなかったほうがよかったことになります。お金をかけた施策ももちろん大切ですが、その前に、お金をかけなくても組織改善につながる発想の仕方や具体的な施策がより重要です。以下、経理の観点から見ていきましょう。

心理的安全性や社員満足度が高ければ必ず売上や利益も上がると言い切れない理由

社員が安心して働くことができる「心理的安全性」や「社員満足度」は、当然、あったほうがよいに決まっています。しかし、「売上や利益よりも、それらが第一優先だ」という考えには疑問があります。

なぜなら、社員が一番不安なのは「会社が潰れるかもしれないという環境で心配しながら働くこと」であり、一番不満なのは「こんなに会社に貢献して働いているのに給与が安いこと」だからです。そのため、優先すべきは、まず売上や利益を確保して、業務に見合う対価を社員に支払うことであり、それが社員の心理的安全性や社員満足度を担保することになると考えます。

そして、そのうえで心理的安全性や社員満足度をさらに高める施策を行えばよいと思いますが、そもそも、心理的安全性や社員満足度が高ければ、それが本当に「さらなる売上・利益につながるのか」ということを考えなければいけません。

確かに、職場環境として、足を引っ張ったり意地悪をしたりするような人と一緒に働く意味は全くありません。むしろ1人で作業をしたほうが効率は良いでしょう。コロナ禍で「在宅勤務のほうが、むしろ仕事の効率が上がった」という人は、お勤めの会社がそのような職場環境であった可能性は否定できません。

しかし一方で、「仲が良すぎる組織」というのも、場合によっては「だらしのない組織」になり下がる可能性を多分に含んでいます。学生時代に、仲の良い友人たちと、誰かの家で一緒にテスト勉強をしよう、となったことはありませんか。そのときに、お互いに教え合って集中して勉強できたこともあれば、集中できずに無駄話をしたりゲームをしたりして遊んでしまったこともあるでしょう。「仲が良すぎる」からこそ、両極端に振れる可能性が出てくるのです。これは仕事でも、全く同じ現象が起こります。

心理的安全性、社員満足度が高まった後に、「困ったときは助け合って、集中して結果を出していこう」と言い出すリーダーが現れれば理想的です。他の社員もそれに同意をし、それぞれが助け合って仕事に集中しますので、売上や利益をより多く出せる組織体制になります。

反対に、リラックスしすぎて注意散漫となり仕事に集中できず、ミスや失敗が起きても「まあしょうがないよね」と、お互い誰も注意や指導をしないと、単に傷を舐め合う「ペロペロ集団」に落ちぶれていきます。当然ながら会社の売上や利益は一気に転落していきます。

この両者のパターン、いずれも心理的安全性や社員満足度は満たしてはいます。そのため、経理の観点から見ると、心理的安全性や社員満足度を満たせば必ず売上や利益が伸びるとは言い切れないのです。心理的安全性や社員満足度を満たす施策を行うこと自体はいいのですが、単にやればいいということではなく、あくまでも「売上や利益を出す」前提で施策を行う必要があります。

お金をかけずに誰でもどのような組織でもできる「リスペクト・マネジメント」

私も、経営再建中の会社やスタートアップ企業、老舗企業など、さまざまな会社の数字を改善するための仕事に関わって参りましたが、どのケースでも本質は同じで、数字を改善するということは、それを生み出す人間の行動を改善することに尽きます。そのための研修を行うのですが、どの会社もそれぞれ置かれている状況が違います。

例えば経営再建中の会社でしたら、組織改善にかけるお金も時間も限りがあります。また、スタートアップ企業の場合は、日々組織が変化していくなかで大掛かりな組織改善をしても、その半年から1年後には意味をなさなくなり無駄が生じることもあります。老舗企業の場合は組織が硬直化しているケースもあり、組織改善の提案をするだけでも一部の社員が猛反発してしまい、社内の空気が悪くなることもあります。そうしたケースを見てきて、どのような状況でも、即効性があり、お金も時間も負担もかからない、そのような組織改善の方法はないかと考えたのが、「リスペクト・マネジメント（敬意のマネジメント）」という方法です。

リスペクト・マネジメントは、次のステップを繰り返していくだけで、お金も時間も負担もかけずにその組織を改善できます。

〈リスペクト・マネジメント（敬意のマネジメント）の実践方法〉

①直近1カ月の間で、職場で「敬意がないと感じた行為」を洗い出して全員（または部内、チーム内など）で発表し合う
②洗い出したものを、今後は全員がお互いに「しない」と約束して1カ月過ごす
③1カ月後、再度、ここ1カ月の間で「敬意がないと感じた行為」を洗い出す（①のときよりは減っているはず）
④右記③で洗い出された行為を、②のときと同様に、今後全員お互いに「しない」ことを約束して1カ月過ごす（以降繰り返し）

数字が悪い会社の職場環境の特徴に、「敬意がない」という傾向が見られることに着目しました。社員同士に敬意がない、取引先に対して敬意がない、顧客に対して敬意がないなど、敬意がない会社は社内外のあらゆる場面で、トラブルや、連絡、対応の遅れなどが見られます。

そしてそれらが数字を押し下げている原因につながっています。したがって、この原因を取り除けば、少なくとも「悪くない組織」「悪くない人間関係」「悪くない数字」までは短期間で戻ります。

例えば、このリスペクト・マネジメント研修をした際に多く出る「敬意のない行為」の2トップが「挨拶をしても無視された」「すぐ折り返し連絡をくださいと伝えたのに、連絡してくれなかった」です。

つまりこれは、ピラミッド組織やフラット組織といった、組織の「形」を変えただけではダメで、敬意のない人は組織形態に関係なく敬意のない行為を繰り返してしまいますから、心理的安全性や社員満足度は改善されないことを意味します。まず敬意のない人の行為を限りなく社内からなくすことが最優先事項であり、それが実現できれば、どのような組織の「形」であっても、その時点で社員たちにとっては「悪くはない職場」に昇格し、心理的安全性が担保され、社員不満足度はゼロになります。

組織改善のステップとしては、以下の3つのプロセスが最も効果的です。

①社員が「敬意がない」と思う行為をなくす（リスペクト・マネジメントの実践）

②右記①の徹底により社員がフラットな状態になる（心理的安全性が担保され、社員不満足度がゼロになる。数字も赤字からプラスマイナスゼロにまでは改善する）

③社員がやりがいを持ちつつ、売上や利益も向上する組織改革や人事制度の立案を行う（社員満足度や売上・利益が向上する）

多くの会社が組織改善や社員同士が仲良くなる施策、モチベーションを上げる施策を考える際に、皆でバーベキューをして親睦を深めようとか、お互いを褒め合おうとか、それを促すツールを導入しようとか、何かを「しよう」とします。特に社長は、「社員の皆が楽しく仕事をしている光景」を見て安心したい心理が働きますのでそのような傾向が強くなるのですが、いま一度よく考えてみてほしいのです。

社内に苦手な人がいるのに、無理やり褒めることを義務づけられたり、業務以外で一緒に過ごさなければいけなかったりしたらどうでしょうか。私だったらそれがさらなるストレスを生み、苦手な人のこともさらに苦手になり、そのような施策をする会社そのものも苦手になってしまいます。わざわざお金をかけてそのような施策をする前に、「しない」ことにまず着目したほうが、社員にも負担がかかりませんし、お金も時間もかかりません。

「敬意のない行為」の実例として、「挨拶をして無視された」「返信してください、とメールをしたのに無視された」という意見が出たとしたら、「挨拶されて無視をする、というのはやめよう」「返信してください、と言われているのにそれを無視するのはやめよう」というルールを周知し、全員が守るよう徹底します。このレベルなら一般的には誰でも守れますし、守らない人は人事部門などとも連携して指導することもできます。

別のメリットもあります。例えば控えめな性格で挨拶そのものが苦手な人もいると思います。そのような人に「大きな声で元気よく挨拶をしましょう」ではハードルが高いかもしれませんが、「挨拶されて無視するのはやめましょう」でしたら、すれ違うときに、無言でも軽く会釈したり、笑顔でアイコンタクトをしたりすれば、「挨拶」の要件は満たされます。相手にも不快感を与えませんし、それぞれの性格や気質に応じた「グッドコミュニケーション」が可能になります。

全員が仲の良い組織が理想ですが、それは現実的には難しいことは皆さんおわかりでしょう。まずは「全員がお互いに苦手意識を感じない組織」を目指し、会社の数字が落ちるような敬意のない行為をしないように徹底する。それが達成された後に、皆がお互いにグッドコミュニケーションがとれる組織改革や楽しい施策を行うと、よりプラスの効果が出やすくなります。

組織面、業務面、金銭面において、リスペクト・マネジメントは次のような効果があります。

〈リスペクト・マネジメント（敬意のマネジメント）のメリット〉

□離職コスト・休職コストが減る
□社員同士のトラブル対応における人事部門の労務コストが減る
□不正抑止につながる（ストレスの多い職場環境で不正は発生しやすい）
□コストがかからない
□社員に新たな負担がかからない
□社員の心理的安全性が保てる
□社員不満足度がゼロになる　など

経営を行う以上、コストも意識した組織改善案を立案することも社長としては重要です。

また、外国人従業員に対するケアにもこの方法は活用できます。私は日本語教師の資格も持っていますので、外国人従業員のサポート業務も行うことがありますが、従来のやり方では特に気をつけるべきことも少なくありません。

例えば日本に古くからあるマネジメント手法のひとつに、「上司がわざと人前で部下を叱る」という行為があります。上司としては、恥をかくという経験を通して部下に仕事の重要性を伝えたい意図があると思うのですが、国や地域によっては「人前で叱られる」行為そのものが「人間として最も侮辱的な行為」のひとつに該当する場合があります。それが原因によるトラブルも実際に多く起きています。

これから日本国内の職場も、人手不足により多くの国々の人たちと一緒に仕事をしていくことは必須になります。しかし世界中すべての国や地域の商習慣や文化を覚えることは困難です。そのため、外国人従業員たちに「仕事上のコミュニケーションでどのようなことをしてほしくないか」を聞き取ります。例えば「人前で叱るのはやめてほしい」という回答があれば、「人前で叱らない」というルールを社内やチーム内で作り遵守することで、異文化コミュニケーションの齟齬が減り、外国人従業員の定着率も向上します。

お金をかけた組織改革や福利厚生は数字で検証する

職場環境の改善方法として、リスペクト・マネジメントのように、社員から「してほしくないこと」を聞き取ることを考えたのには経理的観点からの理由があります。

もし「してほしいこと」を聞き取るとなると、「給料を上げてほしい」「豪華なオフィスに移転してほしい」「休みがもっとほしい」「海外研修をさせてほしい」など、無限に希望が出てくるでしょう。いくらお金があっても足りませんし、一部の意見を叶えて他を叶えなかったら不平等と思われ、その叶えられなかった社員のモチベーションが下がってしまいます。「してほしいこと」を基準とすると、コストがかかるうえに、一部の社員の満足を満たせないリスクもあるのです。

その一方で、「してほしくないこと」を聞き取る場合は、「人前でわざと叱るのをやめてほしい」「挨拶したのに無視するのはやめてほしい」など、誰もが「それはそうだよね」と思える内容がほとんどなので意見を集約しやすく、出てきた意見を「しないように徹底するだけ」ですからコストも業務上の負担もかかりません。そのため、まずはネガティブ要素を、お金も時間も負担もかけずに会社からなくし、それが徹底されたら、いよいよお金をかけてどのようなポジティブ施策を実施するかの検討に入ればよいと思います。

ただひとつ気をつけていただきたいのは、ポジティブ施策を実施した事実だけで満足せず、その効果を後日、数字の資料でも検証してほしいということです。

例えば社員の給与制度を改革した1年後、売上や利益もさらに上がったとしたら、それは良い施策だったということになります。しかし、売上や利益が逆に下がってしまっていたら、社員満足度は上がっていたとしても、会社にとっては良い施策ではなかったということになります。同様に、社員のリフレッシュのために社内にジムスペースなどをお金をかけて設置し、1年後、売上や利益が上がったらそれは良い施策だったということになります。しかし反対に下がってしまったら、「忙しくない人ほどジムスペースに通い詰めてしまい、逆に忙しい人がその様子を見てさらにストレスが溜まってモチベーションが下がり、それが数字に影響したのかも」という分析ができるかもしれません。

新しい施策は「やってみないとわからない」こともありますので、まずはやってみて、同時に検証もしっかりと行い、次回の施策案に活かす、ということをお勧めします。それならば、効果がなかった施策も勉強代として無駄にならずに済みます。コストをかけているものは原則、売上や利益に対して効果があったか否かの検証をすることを心掛けてください。社長の立場として、会社全体にかかっているコストがそれに見合った効果を出しているか、そのような視点でも数字を見ていただきたいものです。

新規事業こそ最強の新陳代謝が行われる組織改革である

「硬直化した組織を活性化するために組織の改革を断行する」――組織を改善するためにはこのように組織そのものを強制的に変えるしかないと思っている社長もいるかもしれません。しかし、既存の組織に手をつけるとさまざまな反発も予想されます。そこで、既存の組織に触れなくても、自動的に組織が活性化する良い方法をお伝えします。それは「新規事業を行う」ことです。

私が新規事業を推奨するのには理由があります。新規事業にはさまざまな「効能」があるからです。

〈新規事業を行うことの効能〉

- □組織改革に対して反対派の勢力に触れずに組織が活性化できる
- □やる気があるのにストレスを溜めている社員のガス抜きになる
- □新しい事業が新たな社員、新たな仕事のやり方を呼び込む
- □軌道に乗れば売上や利益につながり、経営の助けになる
- □新たな取引先や顧客が増え、既存のビジネスにも好影響を与える　など

硬直化した組織を改善するときに最も苦労するのが、「既存の組織に満足していて、組織改革をされると不利益を被る可能性のある社員」への対応です。ネガティブな勢力はポジティブな勢力の何倍もの影響を組織に及ぼします。社長がそうした人たちを強引に押し切って組織改革をしようとすると、「社長は私利私欲のために組織改悪を行おうとしている」と、普段から不満を持っている社員、何も知らない若手社員なども巻き込んで社内を混乱させる可能性もあります。しまいには、「会社全体が混乱した」という理由で社長に責任をとるように迫るケースもあります。

そのような会社も実際に見てきましたので、組織を硬直化させないための最善の方法は、「常に会社が流動的な状態を作る」ことが一番簡単なのではないかという結論に至りました。

私自身、ベンチャー企業での勤務が会社員時代に多かったので、会社が毎年「新しい子会社ができた」「新規事業を始めた」という状態でした。それに応じて、お金の管理やルール作り、現場社員への指導サポートなどが通常業務に加えて発生しますので、息をつく暇もありませんでした。

当時は「また新会社？　新規事業？　いい加減にして……」と思ったものですが、今振り返ると、あれだけ新しいことに会社が挑戦していたから会社も自分も成長できたのだと思います。そして「変化すること」に対しての抵抗がなくなったのもそのおかげであることは確かです。変化に抵抗がある人というのは、性格が頑固というより、変化の機会を持つことが少なかった人が多いように思います。職場環境が「毎年何か新しいことを始める職場」になれば、初めは変化に抵抗があった人も、徐々に変化そのものが気にならなくなっていきます。

私自身も、独立してから「今年は〇〇をやりたい」「今年は〇〇を実現したい」と毎年年始に新しい目標を掲げて達成するように努力しています。そのようにして自分自身が硬直化しないように気をつけています。そのおかげか久しぶりに会う人に「そんなことも今やっているの？いつも新しいことをやっているね」と言っていただけます。会社も同じで、「いつも新しいこと、面白いことをやっていそうな会社ですね」と言われるためには、実際に新しいことを常にし続けるしかありません。

ただ、新しいことを行うにはコストがかかり、リスクもあります。そのため、経理的観点から第9章でお伝えした「コストリスクが少ない新規事業」を複数立案して、そのうちのひとつでもうまくいけば御の字、というやり方をお勧めします。

新規事業を行えば、新たな社員が入り、新たな業務の進め方が流入しますので、強制的に組織が変化を起こします。また、やる気のある社員においては「うちの会社も新しいことをやれる会社なのだ」とより一層の奮起のきっかけにもなりますし、実際に軌道に乗れば経営の助けになります。新たな取引先や顧客ともつながりができますので、さらなる展開（既存事業にリンクさせたり、別の新規事業を企画したりするなど）も期待できます。そのようにして、実際の業務に引きずられる形で、組織そのものも自動的に流動化していきます。

「組織の硬直化を柔軟にする」ということのみを目標にした施策を行ったところで、売上や利益が改善される保証はありません。そもそも、「組織があって事業がある」のではなく、「事業があって、それをスムーズに行うために組織が作られる」わけです。組織が硬直化した会社は、社員が組織を硬直化させてきたのではなく、硬直化してしまうまで、社長が新規事業に取り組まなかった結果かもしれません。社長に就任されたら、個人、会社それぞれで「今年は新しいことをひとつ行う」ことを年始に決意してもよいと思います。

第16章

社長が知っておくと役立つ「経理の知恵」あれこれ

削減すると売上も同様に下がってしまう経費がある

世の中にはやってはいけない「ご法度」と言われるものがありますが、経理の世界も同じです。そのひとつが「経費の一律削減」です。なぜなら経費のなかには、それを削減すると売上まで削減されてしまう費用があるからです。

例えば、旅費交通費です。「今月から全費用一律10％削減してください」とアナウンスされた瞬間、何が起こるでしょうか。トップセールスの人には「わかりました。じゃあしばらく有休をいただきます。だって、営業に行ったらその分交通費や出張旅費がかかってしまいますからね。今後もなるべく外出はせず、社内にいるようにします」と、言い放たれてしまうことでしょう。経費の削減は科目ごとに検証をして、「この経費は削減対象にしてもいいか否か」を経理部門とともにひとつずつ確認していく必要があります。

そしてもうひとつは、対象者の問題です。「一律10％」としてしまうと、普段から湯水のごとく経費を使っている人は簡単に削減できそうですが、普段から倹約している人が10％削減するのは大変なことです。これほど不公平なことはありません。

これに関しても部署別、個別に、どのような経費の使い方をしているかを経理部門とともにチェックして「個別」に指導をするのが基本です。「一律」というやり方は、普段から売上や倹約に貢献している社員のモチベーションをことごとく下げてしまう施策なのです。

1年間で100店舗出店計画の末路

急激に店舗数を拡大させた会社が急転直下、売上不振や不祥事などで経営不振に陥る、そういったニュースを毎年必ず何件か耳にします。なぜこんなことになるのでしょうか。

通常、店長レベルの人たちには、①売上管理や在庫管理などの計数感覚、②アルバイト採用やシフト管理などの店内のマネジメント力、③顧客や近隣の方々とのコミュニケーション力――などの能力が必要になりますが、急拡大に伴い、そうした能力を持った人材の採用や社員教育が追いつかなくなります。さらには本社部門からのフォローなども追いつかず、素人同然の状態の店長が店舗経営をしてしまう現象が起き始めるからです。特に今の時代は、人手不足からくるアルバイトスタッフの採用やシフト管理などの負担、そしてSNS上での炎上問題やカスタマーハラスメントなどの影響によるコミュニケーション上の負担があります。私でしたら、少なくとも①は経理部門、②と③は総務部門が各店長に対してバックアップしてあげない限り、店長は精神的にまいってしまい休職、離職する人が続出してしまうと判断します。

それに加え、店長をバックアップする総務・経理部門の社員も、本業である自分たちの仕事を抱えています。ですから今の時代の「急拡大」は、キャッシュレス化など人手を減らす工夫を進めても、サポート体制にもよりますが、最大でも年間10〜20店舗増が妥当ではないかと考えますし、通常なら年に数店舗の新規出店が現実的だと思います。

会社を経営するうえで積極的な事業展開には私も大賛成ですが、現実の会社の実力や外的環境を「無視した」事業計画ではなく、「加味した」事業計画を、社長と総務・経理部門とで練っていくことをお勧めします。

「売上を追うから会社がダメになった」と言う社員が出てくる理由

最近、SNS上で「売上だけを追うからうちの会社はダメになったんだ」という会社員のつぶやきを見かけます。また、会社の失敗事例の報道としても同じようなことが言われます。ただ私は、これは誤解を生む表現だと思っています。

会社が売上を追う、これは当たり前のことではないでしょうか。そうでなければ、毎年の昇給など不可能ですし、新製品、新商品、新サービスを生むことも、それ以前に研究開発費を捻出することも不可能だからです。では、なぜそのようなことを言う社員が出てくるのか。それは社長の教育指導に問題があるのだと思います。

社長が「とにかく数字が上がればなんでもいい」などとしか社員に指導していなければ、社員は「社長は売上のことしか頭にない」となります。そして会社そのものも、売上さえ上がれば（不正を含めた）どんなことをしたっていいのだ、顧客や世間を裏切ったとしてもそれは必要悪なのだ、という歪んだ正義感の集団になっていきます。

「売上」ではなく「どのような売上か」を社員に伝えなければいけないということです。例えば、以下のようなものです。

☐質を備えた売上
☐お客様が満足する売上
☐世の中に還元できる売上
☐自分自身がやりがいを持てる売上
☐社内外の人たちが喜んでくれる売上
☐企業価値を高める売上　など

このような「『○○な売上』を追う」と伝えれば、社員側も「売上さえ上がれば何でもいいということではないのだ」と理解できますし、売上のために不正をしたり、誠意のない言動をしたりといったこともなくなります。

入金サイトと支払サイトをどのように決め、交渉するか

請求書ベースでの仕事のやりとりの場合、多くの会社は、入金も支払いも、月末締めの翌月末支払い（請求日が9月30日なら10月31日が支払日）という形が多く、あとは会社間の交渉によって日付が前後することになると思います。

しかし、資金繰りが厳しい状態になると、売上の入金は1日でも早く、支払いはなるべく遅くなってもいいようにお願いをする必要性が出てきます。ただ、それが行き過ぎてしまうと今度は「入金は急かすのに、支払いは渋る会社」として社会的信用や評判が落ちるリスクがあります。そのため、「資金繰りに若干の余裕を持ちつつ、取引先にも負担をかけない自社の入金サイト、支払サイト」を社長が考える必要があります。

また、高額な取引案件に関しては、売上の場合は、前金として最初に半分を入金してもらう、あるいは分割して毎月請求できる形にするなどの事前交渉をすると、資金繰りにも余裕が生まれます。支払いの場合も同様で、通常の支払サイトが30日の場合は、30日後、60日後、90日後の3つに分割した支払いにしてもらうことが可能かどうかなど、事前交渉するとよいと思います。

いずれも重要なのは、「最初に」交渉をすることです。途中から、あるいは事後にそれらを交渉しようとしても、相手方にも資金繰りの都合がありますので対応不可能なことがありますし、

「お金に困っているのかな」「潰れそうなのかな」と誤解されることにもつながりかねません。事前に話すことでそうしたリスクはなくなりますし、むしろお金にしっかりした会社だという印象を持たれます。

経理数値を「頑張っている」社員のマネジメントに活用する

社長（幹部）が社員を評価する際に、「（結果が出ている、出ていないに関係なく）頑張っている」という行為を基準にして、賞与などに反映している場合があります。一見それでいいような気もしますが、当事者以外の社員が不公平感を持つ可能性もあります。なぜなら皆「自分は頑張っている」と思って働いているからです。

「頑張っている」という指標も評価項目に加えたいのであれば、「個人別の売上実績に加えて、頑張っているかどうか」というように、客観的な経理の指標もセットにすることです。それにより社員たちも、「情緒的に査定したのではなく、数字の実績も加味されて評価されているのだな」と理解するからです。

また、社員一人ひとりが普段から会社でどのようなお金の使い方をしているかはあまり気にしていない社長もいますが、その点を評価査定に加えるのもいいと思います。というのも、逆にそれが評価項目に該当しないということは、後先考えず湯水のように経費を使う社員と、その都度よく考えて経費を使う社員との評価が同じということになってしまうからです。それならば湯水のごとく経費を使ったほうが得ですし、ラクです。

社長から見て、効率の良い経費の使い方で結果を出している社員を評価すれば、他の社員も経費の使い方を意識するようになります。「○○さんのような経費の使い方をすれば、社長に評価される」と理解し、皆が経費の使い方を考えるようになり、より生産性の高い、利益率の高い集団が生まれます。

経理資料をもっと経営やマネジメントに有効活用することで、生産性の高い集団を作っていきましょう。

現場社員に業務マニュアルを作ってもらい、そこで経理社員が気づいたポイントを改善する

現場の業務改善を行う際に効率的、効果的な方法として、

①現場社員に業務マニュアルを作成してもらう

②社長は現場のフロー、経理社員はお金のフローの面でより良い方法があれば助言する

というやり方をお勧めしています。

「利益率の改善」がテーマになる際に、ただ決算書を見て机上の理屈から「1％改善しなきゃダメですね」と言い、それをそのまま現場に丸投げしたところで、何も変わりません。なぜなら現場は現場で「これ以上良い方法は見つからない」という状態で行った結果がそれだからで

す。その状態のところに改善作業を丸投げしてしまうと、現場のモチベーションが低下し、さらに利益率が下がります。もしくは不正をして利益率を調整してしまうことも考えられます。

そのようなとき有効な方法として、現場以外の立場の人たちから見た客観的な助言をしてもらうことがあります。ただし、何も状況がわからないと、周囲の人たちもサポートのしようがありません。そこで、まず現場社員の人たちには話し言葉レベルでいいので、普段の作業工程をすべて文章化してマニュアルを作ってもらいます。そのうえで社長は、「この作業はこう改善すればひとつ工程が短縮できるんじゃない？」といったオペレーションのアドバイスをします。経理は「原材料の発注段階で残りの在庫量を確認していますか？　していなかったら在庫過多になる恐れもありますから、そのフローを入れてみましょうか」など、計数的な観点からアドバイスをします。

このように部署の垣根を越えて一緒に作業フローを考え改善することで、労務費や材料費などの余剰が改善され、実際に利益率が改善していきます。

厳しい社長のもとですと、原材料などが在庫不足になると社長に叱られるのが怖いという理由から、つい多めに仕入れてしまう傾向があります。その結果、結局使い切れずに陳腐化して廃棄するといったことも実際にあります。社員から業務報告を受けた際の社長の表情ひとつ、放たれた言葉ひとつが、在庫過多、費用がかさむ原因を作っている場合もあるということです。社員に指示を出す際は「原材料の残りをちゃんとチェックして仕入れなさい」よりも、「原材料が２００キログラム未満になるのを確認してから５００キログラム発注するようにしなさい」

というように、具体的な数字を入れると齟齬なく社長の意思が伝えられます。

利益は、「社員や顧客に還元する」か「再投資に充てる」か「プールする」かに分けて考える

黒字が出て、税金を納めた後の残ったお金をどう使うか。その方法は主に次の4つになります。

①社員や取引先・顧客に還元する
②既存ビジネスへの再投資、新規ビジネスへの投資に充てる
③金融商品・不動産などを購入する
④内部留保としてプールする

①は、社員への昇給や発注先に対しての単価の値上げの受け入れなど、既存の売上や利益に貢献した人たちへの利益還元のために資金を使います。それによってさらにモチベーションを上げて活躍してもらい、売上や利益を伸ばすことを目指します。

②は、より売上が上がりやすい体制を整えるために、設備投資や人材の新規採用などを行います。

③は、多少のリスクを自覚しつつ、手元の資金を増やすために積極的な資金運用を試みます。

④は、右記③の場合にはすぐ現金化ができないこともありますので、万が一に備えてある程度のアクシデントや緊急事態などがあっても問題がないように手持ちの資金として残しておきます。

①から④まで、いずれもが重要です。会社の経営状況によって、これらに優先順位をつけ、そしてその比率も考え、資金の運用をしていくことも社長の仕事のひとつです。本業が絶好調なのに③にのめり込みすぎて大きな損失を出し倒産してしまったというケースは昔からよくあります。これほど社員が報われない会社の潰れ方はありません。

お金の使い方をたった一度でも間違うと、会社を経営危機に陥らせてしまうリスクがあります。思い切って②の選択をして莫大な投資をした途端に景気が悪くなる、という自助努力では防ぎようがない外的リスクが襲ってくることもあります。かといって社長が「リスクをとりたくないから」と、ずっと④のままで、何にも誰にも還元も投資もしなければどうなるでしょう。社員や取引先など、関わっている人たちからすれば魅力的ではない会社に映ります。優秀な社員や良い取引先ほど社長や会社から離れていってしまいます。

「資金を活用する経営判断をしなければいけないが、失敗は許されない」――そのような状況においては、やはり業務上のダブルチェックがあったほうが安全です。お金に関しては経理部門に多面的に分析検討してもらいつつ、そのうえで社長が資金使途を経営判断していくようにしたいものです。

「鳴り物入りの社員」が入社してから本当に貢献したかを経理資料で検証する

経験者やスキルのある人の転職も当たり前の時代になりました。いわゆる「鳴り物入り」で高額な報酬でスカウトした人に入社してもらうことがあると思います。その際に、多くの場合、「採用した」という事実だけで社長が満足してしまい、「本当にその人が鳴り物」としてふさわしい人物だったのか、という検証を客観的にしていないケースが少なくありません。

「鳴り物」と言われるからには、まずその人自身に活躍してもらうのは当然として、その人の周囲も影響を受けて、良い結果を出せる集団に変わっていくことが、その人の「鳴り物」たる所以だと思います。

ですから、その人が入社して3カ月後、6カ月後、1年後など、実際に当人はもちろん、その周囲まで含めた売上や利益がどれくらい変化したのかを数字で検証していく必要があります。入社してから1年経っても通常の社員を採用したのと同じ程度にしか数字が変わっていなければ、その人はその会社においては「鳴り物とまではいかなかった、一般的な社員の1人」ということになります。その場合、鳴り物を前提とした高い報酬のままでいいのかも検証し、本人ともよく話をしたうえで、他の社員と同等の給与水準に変更することも必要かと思います。

そうした検証を行わず、その人の給与水準はずっと高額のまま、結果が出ていないのに「鳴り物」の振る舞いを続けられてしまうと、職場環境がかえって乱されてしまい売上や利益を下げてしまう恐れがあります。どれほど優秀とされる人材でも、会社や職場、業務における「向き、不向き」はあります。「採用しっぱなし」ではなく、その後を「経理上の数値」で検証することが欠かせません。

知識や数字は「道具」として使い、「刀」として使うべからず

社長の経営参謀として、ＭＢＡ取得者や外資系コンサルティング会社の出身者を採用することがあります。彼らは、入社後、会社を見事に成長させる人もいれば、逆に会社そのものを破壊してしまう人もいます。私はこれは、知識や数字の「使い方」の違いによるものだと思います。

自分の知識や会社の数字を「刀」として使ってしまう人は、最初から「悪い奴らや言うことをきかない奴らはこの刀で成敗してやろう」というスタンスで入社してきます。その時点で迎え入れる側も「敵が来た」と警戒し、身構えます。そして「そんなやり方だからダメなんですよ」「とにかく良い数字にしてください」と、知識を武器に一方的に相手を斬りつけるだけ斬りつけてしまいます。

そうなると、反発する社員のなかで転職できる力のある人は転職活動を始め、辞めていきます。一昔前ならすぐにその退職者の穴埋めもできましたが、今の時代は人手不足で簡単にはい

きません。結果的に現場が慢性的な人手不足に陥り、日常のオペレーションがまわらなくなります。そのため、「理論上、学問上は正しいはず」の指導をしているにもかかわらず、数字は逆に下がっていきます。そこで焦ってさらに「それでも数字を出してください。私の言う通りにやれば出るはずです」と刀を振り回してしまうと、逃げる気力もない残った社員は、生きていくために不正を働き、売上や利益をかさ上げして報告する以外、選択肢がなくなってしまうのです。

このように、知識や数字を「武器」として使ってしまうと、相手とのコミュニケーションがそもそも成立しません。ましてやMBAやコンサルタントのメソッドは磨きに磨かれていますから、刀の切れ味も抜群です。だから「賢い人ほど、やり方を間違えると組織を破壊し、人も数字も減らし、会社を破綻させてしまう」ということが起こるのです。

知識や数字はコミュニケーションツール、つまり「道具」として使うと有用です。それらを道具として使いこなしている人は、決算書を分析して頭の中に数字を叩き込んだうえで、課題のある部署を一つひとつまわります。

そして、「なぜこの数字になったんですか?」「なぜこの会社にいつも発注しているんですか?」「なぜこの量を発注しているんですか?」「ちょっと働いている様子を見せてください」「自分にもちょっとやらせてください」と、数字を会話のツールとして、またきっかけとして、ぐいぐいと現場に入っていきます。

そのうえで、「素人発想で恐縮ですが、例えばこういう管理の仕方をすれば、時間も節約できてコストが下がります。そして皆さんも早く帰宅できて数字もよくなると思うのですが、いかがでしょうか」と、自分の知識を活用して数字が変わる方法を現場担当者と「一緒に」考えていきます。

また数字が良い場合には、「なぜそんなに数字が良いのですか?」と、同じように現場に入っていきます。すると、数字が良い職場では必ず現場独自で数字の改善につながる創意工夫をしていますので、その情報を集め、社長に報告します。そして社長からその現場は評価され、社員のモチベーションも上がります。

そのような経営参謀がいれば、現場は「きちんと仕事をやっていれば会社は自分たちを見てくれている」と、経営陣に対しての自己開示意識も高まります。知識や数字は、「武器」ではなく「道具」として使うことを意識

知識や数字は相手を斬るための武器ではない!

していただくだけで、社風も、売上や利益も、大きく改善することを肝に銘じてください。

前田 康二郎（まえだ・こうじろう）

流創株式会社代表取締役
1973年生まれ。学習院大学経済学部経営学科卒業後、エイベックスなど数社で管理業務全般に従事し、サニーサイドアップでは経理部長として株式上場を達成。その後中国・深圳での駐在業務の後、独立。現在は利益改善、コンプライアンス改善、社風改善の社員研修、コンサルティング、講演、執筆活動などを行っている。
『スーパー経理部長が実践する50の習慣』（2014年、日本経済新聞出版）、『職場がヤバい！　不正に走る普通の人たち』（2016年、日本経済新聞出版）、『つぶれない会社のリアルな経営経理戦略』（2020年、クロスメディア・パブリッシング）、『超基本 プロ経理が教えるお金の勉強法』（2021年、PHP研究所）ほか著書多数。

社長になる人のための経理とお金のキホン

2024年1月18日　1版1刷

著　者　前田 康二郎

発行者　國分 正哉

発　行　株式会社日経BP
日本経済新聞出版

発　売　株式会社日経BPマーケティング
〒105-8308　東京都港区虎ノ門4-3-12

装　幀　夏来 怜

イラスト　立岡 みゆ

DTP　マーリンクレイン

印刷・製本　中央精版印刷

ISBN978-4-296-11887-8

本書籍に関するお問い合わせ，ご連絡は下記にて承ります。
https://nkbp.jp/booksQA

Printed in Japan